JISHU JINGLIREN
CHUJI PEIXUN JIAOCHENG
——JISHU JINGLIREN RUHE QUANCHENG CANYU
KEJI CHENGGUO DE ZHUANYI ZHUANHUA

技术经理人初级培训教程

——技术经理人如何全程参与科技成果的转移转化

◆

◎ 陕西省技术转移中心　编著

知识产权出版社

全国百佳图书出版单位

——北 京——

图书在版编目（CIP）数据

技术经理人初级培训教程：技术经理人如何全程参与科技成果的转移转化 / 陕西省技术转移中心编著 . —北京：知识产权出版社，2022.12

ISBN 978-7-5130-8570-0

Ⅰ.①技⋯　Ⅱ.①陕⋯　Ⅲ.①技术转移—科技服务—技术培训—教材
Ⅳ.① F113.3

中国版本图书馆 CIP 数据核字（2022）第 254597 号

责任编辑：雷春丽		责任校对：王　岩	
封面设计：乾达文化		责任印制：刘译文	

技术经理人初级培训教程
——技术经理人如何全程参与科技成果的转移转化

陕西省技术转移中心　编著

出版发行：知识产权出版社 有限责任公司		网　　址：http://www.ipph.cn	
社　　址：北京市海淀区气象路50号院		邮　　编：100081	
责编电话：010-82000860转8004		责编邮箱：leichunli@cnipr.com	
发行电话：010-82000860转8101/8102		发行传真：010-82000893/82005070/82000270	
印　　刷：天津嘉恒印务有限公司		经　　销：新华书店、各大网上书店及相关专业书店	
开　　本：720mm×1000mm　1/16		印　　张：11	
版　　次：2022年12月第1版		印　　次：2022年12月第1次印刷	
字　　数：166千字		定　　价：70.00元	

ISBN 978-7-5130-8570-0

《技术经理人初级培训教程》
编委会

主　任　刘　军

副主任　冯　凯　毛永刚

委　员（按姓氏音序排列）

陈　晨　冯　凯　高　全　李雄军

刘　涛　毛永刚　王锋利　王海栋

王　楠　尹晓雪　赵　双

前　言

　　创新驱动发展离不开创新协同、产业协作，更离不开推动创新链和产业链融合的桥梁——技术经理人。近年来，国家出台了《国家技术转移体系建设方案》（国发〔2017〕44号）、《关于技术市场发展的若干意见》（国科发创〔2018〕48号）、《中共中央 国务院关于构建更加完善的要素市场化配置体制机制的意见》（中发〔2020〕9号）等政策文件，均明确提出要培育发展技术转移机构和技术经理人。

　　陕西省作为科教大省，拥有丰富的科技创新资源，科技创新综合实力雄厚，科技创新优势明显。随着陕西省"秦创原"创新驱动平台建设工作正式启动，建设技术经理人队伍，充分发挥技术经理人这一"关键变量"的桥梁作用，引导创新协同和产业协作跑上"新赛道"，打通创新驱动"最后一公里"已经成为陕西省当前创新驱动发展的重中之重。

　　根据陕西省技术经理人体系建设工作安排，笔者以《国家技术转移专业人员能力等级培训大纲（试行）》（国科火字〔2020〕70号）为依据，从加快发展陕西省技术市场出发，以推进技术经理人培养工作为目标，特编制本教程。教程共分5章：第1章，技术经理人概述（西安技术经理人协会毛永刚）；第2章，技术转移中的信息获取（西安远诺技术转移有限公司王海栋，陕西省技术转移中心王锋利，西安远诺技术转移有限公司尹晓雪）；第3章，技术商业化应用分析（陕西赛氪未来技术转移有限公司陈晨、王楠）；第 4 章，科技成果的赋能与推广（西安电子科技大学李雄军，西安科技大市场服务中心刘涛，西安远诺技术转移有限公司赵双）；第 5 章，技术转移中的谈判与合同［北京金诚同达（西安）律师事务所高全］。另外，冯凯主要负责了书稿章节策划及最终统稿工作，李雄军做了大量的修订工作。

本教程以提高学习者的综合素质和实践能力为目标，借鉴全国各地开展技术转移转化人才培训与管理工作的一些成功经验，注重理论与实际相结合、广度与深度相结合，力求结构合理、层次清晰，是一本适合开展技术经理人初级培训的基础教材。

在本书的编写与出版过程中，得到了有关部门和领导的大力支持与帮助，初稿在 2022 年陕西省技术经理人初级培训班中进行了试用，并在听取了各方面的宝贵意见后进行了调整和修改。在此向所有关心、支持和参与本书编写、出版的同志表示深深的感谢！

由于编著者水平有限，书中疏漏和不妥之处在所难免，恳请读者批评指正。

目　录

第1章　技术经理人概述

技术经理人全程参与的科技成果转化服务模式

以技术交易市场为依托，技术经理人全程参与成果转化，将技术供给方、技术需求方、技术中介整合在一起，集成技术、人才、政策、资金、服务等创新资源，帮助高校、科研院所提高成果转化效率和成功率。

——《国务院办公厅关于推广第二批支持创新相关改革举措的通知》

（国办发〔2018〕126号）

"技术经理人"一词源自英文 technology manager，是由"大学技术经理人协会"（Association of University Technology Managers，简称 AUTM），又被称为"美国大学技术经理人协会"提出的。该协会由美国"大学专利管理人社团"（Society of University Patent Administrators，简称 SUPA）衍生而来，该社团在创立初期规模很小，只有50多个会员，但由于它在管理和运营大学专利过程中开创了成功的运作模式，成为人们关注的焦点。1980年通过的《拜杜法案》进一步推动美国高校成立专业的技术转移办公室，大学的专利许可数量快速增加，大学专利管理人社团逐渐意识到其成员的角色和责任大大超出了专利这一技术形态的范畴，于是在1989年更名为"大学技术经理人协会"[1]，技术经理人这一名称在国外由此诞生。

从国内来看，伴随科技成果转移转化的大规模展开，技术经纪人这一职业开始出现，国家于 1997 年专门出台了《技术经纪人资格认定暂行办法》《全国技术经纪人培训大纲》（国科发市字〔1997〕433 号）❶。由于技术交易过程的复杂性，侧重于技术贸易活动的技术经纪人概念已不能完全涵盖中间人所担负的责任与使命，技术经理人概念应运而生。2014 年 10 月，西安科技大市场服务中心等 12 家单位成立西安技术经理人协会，这是我国首个技术经理人社团组织，标志着技术经理人角色走向了科技成果转化的前台。2017 年 9 月发布实施的《国家技术转移体系建设方案》明确指出，加强高校、科研院所技术转移机构建设，加强技术转移人才培养。将高层次技术转移人才纳入国家和地方高层次人才特殊支持计划。2018 年 12 月 5 日，李克强总理主持召开国务院常务会议，会议提出"强化科技成果转化激励。允许转制院所和事业单位管理人员、科研人员以'技术股＋现金股'形式持有股权。引入技术经理人全程参与成果转化"❷。这是"技术经理人"一词第一次在国家层面提出。2018 年 12 月发布实施的《国务院办公厅关于推广第二批支持创新相关改革举措的通知》将"技术经理人全程参与的科技成果转化服务模式"列入其中。2020 年 3 月发布实施的《中共中央 国务院关于构建更加完善的要素市场化配置体制机制的意见》强调，"培育发展技术转移机构和技术经理人……建立国家技术转移人才培养体系，提高技术转移专业服务能力"。所有这些规定都为技术经理人这一新型职业的发展提供了助力，也使本书的写作具有意义。

---

❶ 2002 年出台的《国务院关于取消第一批行政审批项目的决定》（国发〔2002〕24 号）取消了技术经纪人资格认定。

❷ 中国政府网.李克强主持召开国务院常务会议 决定再推广一批促进创新的改革举措 更大激发创新创造活力等〔EB/OL〕.〔2022-01-30〕.http：//www.gov.cn/premier/2018-12/05/content_5346016.htm.

1.1　谁是技术经理人

《中华人民共和国促进科技成果转化法》（以下简称《促进科技成果转化法》）指出："科技成果，是指通过科学研究与技术开发所产生的具有实用价值的成果。……科技成果转化，是指为提高生产力水平而对科技成果所进行的后续试验、开发、应用、推广直至形成新技术、新工艺、新材料、新产品，发展新产业等活动。"那么，原创于高校、科研院所的科技成果，无论是去找合适的企业进行转化，还是成果开发人自身创业进行转化，都需要一个中间人群体，即技术经理人的帮助。

1.1.1　技术经理人的概念

技术经理人一词出现后一直没有明确的界定，究其原因，一方面，国内对技术转移从业人员的工作方法、解决问题的能力，以及在市场的生存方式还在探索中；另一方面，市场希望广泛地吸收更多的人员参与技术转移中，在探索中寻找路径，不让思路因对概念的理解而受到局限。卜昕等提出："凡是从事技术转移的人均被称为技术经理人，这是一个非常广义的定义。[1]"需要指出的是，技术转移涉及的是更广泛的概念，在技术每进行一次应用、交易、传递的过程中均会产生一次转移，都属于技术转移概念的范畴。而技术经理人概念的提出，目的主要还是解决高校和科研院所的科技成果如何实现市场化的问题。据此，本书所指的技术经理人，从广义上来讲，即参与高校、科研院所技术转移的相关人员[2]；从狭义上来讲，即在高校、科研院所及专职技术转移机构从事技术转移工作，并能够全程参与科技成果转化，开展信息获取、技术商业化分析、赋能推广、商务与法律谈判工作，推动科技成果市场化应用的专业人士。

科技成果转化的过程不是一个人能够全部完成的，尤其是技术商品，不同于我们常见的商品。技术商品没有标准化形态，应用实施风险一直存在，价格因购买对象不同、成熟度阶段不同、近似技术情况不同等因素，不好确定，造成了买方、卖方、服务方都需要有较高水平的技术评判和转化操作能力，据此，我们的技术经理人不单单是中介、服务人员，还是科技成果持有人、购买技术方人员，并且这两方人员同样需要具有技术转移能力。因此，从广义上来讲，凡是参与高校、科研院所技术转移的相关人员都是我们所说的技术经理人。但是，从狭义上来讲，科技成果持有人和购买技术方人员不属于技术经理人，他们参与技术转移工作并不是为了提高技术转移服务能力，而是走原本的技术路线或者管理路线，这就决定了这部分人不会以技术转移工作为重心。因此，只有在高校、科研院所及专职技术转移机构从事技术转移的专职人员才是我们说的技术经理人，他们以科技成果转化为主要工作内容，会在该领域不断努力提升自己的能力。这部分人员也是目前社会最需要的。

1.1.2　技术经理人与技术经纪人的区别

在我国，技术经纪人概念的出现先于技术经理人。2020年初科技部发布的《国家技术转移专业人员能力等级培训大纲（试行）》规定："国家技术转移专业人员能力等级培训按照分层次培养的原则，分为初级、中级、高级三个等级，《大纲》分别按照初级技术经纪人、中级技术经纪人和高级技术经理人三个等级设置培训课程。"这是技术经纪人与技术经理人梯次培育的思路。那么，技术经纪人是不是技术经理人的初级形式呢？其实，不能完全这么说。虽然技术经纪人和技术经理人的定位有一定的区别，如表1-1所示，但是两者对推动整个社会技术转移的发展是相辅相成的。技术经纪人的范围显然要比技术经理人的范围更广泛，技术经理人为了推动高校、科研院所科技成果转化工作，很多方面和技术经纪人都有重合。就技术转移这个工作来说，因为过程的复杂性，可以根据不同的情况选择不同的转移转化方式，过于强调是技术经纪人还是技术经理人是没有必要的。

表 1-1　技术经纪人与技术经理人的区别

项目	技术经纪人	技术经理人
关注点	信息不对称	高校、科研院所科技成果转化难的问题
与技术持有人的关系	是利益关系的中介	是利益共同体、长远发展关系
必要技能	营销与谈判	技术评估、产品实现、资金筹集、产品营销等
社会是否需要	需要	需要
未来发展	长期存在	高校、科研院所技术转移主力军
收益来源	中介佣金	咨询费、服务费、投资收益

1.1.3　谁适合做技术经理人

即使在技术经理人发展相对成熟的美国，没有接触过大学技术转移的人，对大学技术转移、技术经理人等概念也不是非常清楚，毕竟高校、科研院所的技术转移在商业领域的细分市场属于小而专。但在专利申请、许可方面，尤其是基于大学专利、横向课题研究而创办的初创公司，它们为美国社会创造了许多就业机会，为研发人员、学校、院系及技术转移办公室或技术转移中心带来了一些"实惠"，斯坦福大学、埃默里大学等均有非常成功的案例。故中国技术经理人未来在中国高校、科研院所科技成果转化中定会发挥重要作用，是未来中国高校、科研院所科技成果转化的主推手！

2020 年 5 月发布的《2019 年全国教育事业发展统计公报》披露，全国共有普通高等学校 2688 所。❶2021 年 8 月发布的《中国科技人才发展报告（2020）》显示，我国从事科学研究与试验发展的人员全时当量快速增长，年均增速超过 7%，从 2016 年的 387.8 万人年，增长到 2020 年的 509.2 万人年，连

❶　教育部 .2019 年全国教育事业发展统计公报［R/OL］.［2020-05-20］.http：//www.moe.gov.cn/jyb_sjzl/sjzl_fztjgb/202005/t20200520_456751.html.

续多年居世界第一。❶ 相比之下，国内为从事科学研究与试验发展的人员提供技术转移服务的合格技术经理人数量不足，增长缓慢。那么，哪些人适合做技术经理人呢？参考卜昕等编著的《美国大学技术转移简介》中的思路[1]，建议如下群体可以尝试掌握技术经理人的能力。

（1）专职从事技术转移的专业人员。这类人员如高校、科研院所的科研处、成果转化处、技术转移中心等部门的工作人员。严格来说，目前在高校、科研院所科研处这些部门工作的人员并不属于技术经理人，这些人更多地从事的是行政管理工作，而不是项目管理工作。目前，独立于科研处成立的技术转移中心，不论是按照市场化机制运行的部门还是公司实体，对高校、科研院所的科技成果转化发展都有很大的促进作用，高校、科研院所成立独立的市场化运作的技术转移中心是未来发展的必然趋势。鉴于目前技术经理人团队还不成熟、推动压力大等原因，部分科研院所成立技术转移中心还有一定困难。虽然现有科研处人员从事的主要是行政管理工作，但对知识产权的管理、项目的管理、报奖等工作也多有涉及，这些工作均是技术转移过程中非常重要的环节。因此，他们学习和掌握技术经理人的技能更有利于今后在技术转移中心开展技术转移项目管理工作和单位的行政管理工作。

（2）企业相关人员。这部分人员为企业在高校、科研院所、新型研发机构等市场寻找专利技术或项目，是与高校、科研院所、新型研发机构洽谈科技成果的转让或许可以及产学研合作的人员。企业技术创新有两种方式：一种是内部创新，另一种是外部创新。外部创新中的一种形式就是产学研合作，即企业和高校或者研究院所合作。外部创新也是未来企业发展的主要形式。企业提升技术水平，就需要与外部合作，需要专业的人才进行对接，保证合作进展顺利、降低合作风险。企业的这批人员最需要掌握技术经理人的技能。近年来，

---

❶ 科技部.《中国科技人才发展报告2020》发布［EB/OL］.［2021—09—07］.https://www.most.gov.cn/kjbgz/202109/t20210907_176742.html.

技术合同产生的纠纷不断增加，个别企业因为产学研合作损失上亿元❶，校企合作毕竟不同于企业和企业的技术合作，关注点、合作方式均有不同，这就需要有专业的人员参与项目合作。

（3）投资人。这类人员是指依托高校、科研院所项目成立的初创公司的天使投资人或创投机构、微种子投资人。技术转移工作推动的六个主体——政产学研金服❷，在这六个主体中，只有金融是完全的资金供应方，资金对技术转移工作来说是稀缺资源，要推动技术转移工作就需要科技与金融相结合。经济学上说，金融是经济的血脉，类比来说，科技金融是科技成果产业化的血脉，打通了科技金融就打通了科技成果产业化的"任督二脉"。技术转移中的一项最主要的工作就是对项目的评估评价，虽然产学研项目的评估评价和投资的评估有差异，但也有相通的部分，所以投资领域的人员很容易介入技术转移。与此同时，科技成果不断熟化直到产业化的过程需要不断注入资金，从投资中找资金更适合早期项目，所以一般情况下需要技术经理人团队中有熟悉科技金融的人员。目前，有很多投资机构开始关注早期项目，虽然风险高，但投入少、投资回报率高是这个阶段项目的共性。

（4）政府、事业单位及平台的有关人员。这类人员是指政府及事业单位、协会、联盟中参与政策制定及活动组织的人员。技术转移工作推动的六个主体——政产学研金服中，政是排在第一位的，成果转化虽然是市场行为，但需要政府持续关注，"科技 + 经济"是目前政府重点关注的领域，技术转移作为外部创新的重要形式，促进区域经济的发展，反过来，经济的发展也会带动技术转移的发展。政府、事业单位及平台除了关注企业内部创新外，更要关注企业外部创新，这就需要有一批懂技术转移的人员来制定符合本地区实际需要的政策和方案。

（5）科技服务人员。这类人员是指推动高校、科研院所科技成果转化的专

---

❶ 刘万永. 商人投资 2.6 亿陷入高科技骗局：天津大学技术团队学术造假 . ［EB/OL］.［2022-03-15］. http://news.youth.cn/sh/201706/t20170627_10172848.htm.

❷ 政产学研金服，即政府、产业、高校、研究院所、金融和服务机构。

利代理人、律师、资产评估师等科技服务人员。以陕西省为例，目前参与技术经理人培训和申请技术经理人执业资格最多的人员还是科技服务机构的人员，包括专利代理人、律师、资产评估师等。究其原因，一方面，技术转移和其本来从事的工作不冲突，并且属于原来工作的延伸，很容易上手开展工作，例如，专利代理人，他与所在专利代理机构进行知识产权代理业务的过程中，必然会对技术持有人的技术进行深入了解，并且基于申请知识产权的原因，技术持有人也容易放下戒备心理，把部分技术信息透漏给专利代理人，在取得信任这一点上，专利代理人具有先天优势。另一方面，技术持有人在申请知识产权之前一般会对科技成果信息披露得比较简单，这样专利代理人就优先于其他人员拿到科技成果的相关信息，更容易早一步和技术持有人建立科技成果项目转移转化合作关系。律师在开展技术转移过程中也有一定优势。合同制定、贸易洽谈等过程都离不开律师的角色，同时由于技术转移合作方式的多样性，需要律师进行把控，律师开拓技术转移或者知识产权领域的业务在市场上会有很大空间。另外，目前科技成果转化最着急的是技术持有人和企业主要负责人，双方都在通过各种渠道互相寻找，但往往因为两方面人员无法接触而导致成果无法对接。在技术转移中有个笑话，说一个技术持有人抱着一个好项目，在对接企业的过程中不是被老板拒之门外，而是被前台拒之门外。企业领导层能够看到项目，对科技成果项目的落地起到至关重要的作用，而律师很容易接触到企业领导层，也就有很多机会将好的成果推荐给企业领导层，从而促成合作。

（6）孵化器、众创空间、产业园区推动高校、科研院所科技成果转化的人员。笔者建议孵化器、众创空间、产业园区的人员必须掌握技术经理人的技能，或者成为技术经理人的角色。孵化器和众创空间在发展中期各地政府往往进行大量投入，让本来应市场需求而发展的孵化器和众创空间，如雨后春笋般快速发展，很多区县不具备条件的地段也开始建设，这就导致政府补贴了很多钱，搞好了装修，但是没有企业入驻，或者是一部分入驻的企业层次不高。究其原因，一方面是不切实际地设立各种众创空间，另一方面是在运营的过程中将自身角色定为二房东，以收房租作为运营发展的主要方式。长此以往，好地段的众创空间发展还可以，偏远一点的，慢慢地就悄无声息了。孵化器和众创空间是最应该按照技术经理人的思路来建设的，持有科技成果方如果自行成立科技公司，首先需要的就是注册地址，而后是办公场地，发展到一定规模需要的场地也会更大。孵化器和众创空间与科技成果的供需完全对应，同时，科技成果在市场化运营的过程中，最需要的就是外部运营支持，在众创空间思路设计的过程中是有这部分服务的，但是很多众创空间因为将自身定位为二房东，并没有很好地提供这部分服务，导致企业是企业，众创空间是众创空间，没有很好地用服务将两者的发展相结合。因此，笔者鼓励运营孵化器和众创空间的部分骨干人员掌握技术经理人的能力。

1.1.4　技术经理人的职责

技术经理人究竟应承担什么职责，[2]我们尝试给出以下答案：

（1）作为研发人员的合作伙伴，让科研人员回归技术研究。在科技成果转移转化的过程中，科研人员同时担任研发、营销、谈判、经营等多个角色，是导致目前科技成果转化效率低、收费低的重要原因之一。技术经理人作为懂技术、善管理、精业务的复合型人才，以合伙人或者咨询服务人员的角色推动成果转移转化，有利于研发人员专职负责研发工作。

（2）降低科技成果转化风险。随着科技成果转移转化工作的不断深入，在科技成果转移转化中遇到的各种风险也不断暴露出来，例如，交易过程中法律法规问题、诚信问题、沟通问题、技术实现问题、合同条款问题。技术经理人作为专职的从业人员，将以专业的知识和经验帮助研发人员和企业降低科技成果转化过程中的风险，以保证各方利益。

（3）推动科技成果转化体制机制建设。在政府、事业单位及平台内工作的技术经理人，他们熟悉技术经理人的理念，熟悉技术转移的痛点、难点，并共同探讨技术转移发展，可以很好地制定符合技术转移发展需要的科技政策，推动建立符合本单位、本地区的科技成果转化机制及体系。

（4）设计技术转移路径。技术经理人将结合实操经验，通过对技术和需求的精准分析，准确掌握供需双方合作的切入点和契合点，并为之提供适宜的技术转移路径，提高科技成果转化效率。通常的校企合作主要是技术开发、技术转让、技术服务、技术咨询，除了以上形式外，还可以采用共建经济实体、共建实验室或研发中心、共享科技资源、联合培养人才等形式，同时以上八种形式还可以根据实际情况互相组合，如共建经济实体与联合培养人才相结合，技术转化与共建研发中心相结合等。

1.1.5　技术经理人的能力素质

1.1.5.1　建议技术经理人全流程参与科技成果转化

2018年12月发布的《国务院办公厅关于推广第二批支持创新相关改革举措的通知》将技术经理人全程参与的科技成果转化服务模式列入其中，并指出以技术交易市场为依托，技术经理人全程参与成果转化，将技术供给方、技术需求方、技术中介整合在一起，集成技术、人才、政策、资金、服务等创新资源，帮助高校、科研院所提高成果转化效率和成功率。针对目前高校科技成果转化的现状，为提高高校、科研院所科技成果转化率，本着专业的人做专业的事的目的，建议技术经理人作为成果持有人的合作伙伴，共同推进成果转移转化落地工作。技术经理人全程参与科技成果转移转化要沿着科技成果转移转化的过程来进行，如图1-1所示。科技成果主要来自高校、科研院所和企业，这些科技成果由项目团队通过研究开发取得一定进展，并转化到科技企业内，转化方式包括内部转化和外部转化，由科技企业再进行深入研发和生产，产生产品、技术或服务，并通过营销手段在市场中获得利润，这是其中一条成果转化路线。另一条转化路线是科技企业在研发、生产过程中遇到或发现新的技术问题，通过技术需求解决的方式，反馈到科研团队，这里的科研团队包括内部团队和外部团队，由团队来解决科技企业的技术问题。由此可见，科技成果转移转化既包含现有成果的市场化转化，也包括科研团队发挥自身能力解决科技企业问题。在图1-1中，项目团队和科研团队可以是同一个团队，也可以是不同的团队。技术经理人的全流程参与就是在这个过程中通过闭环式的技术转移服务来体现自己的价值。

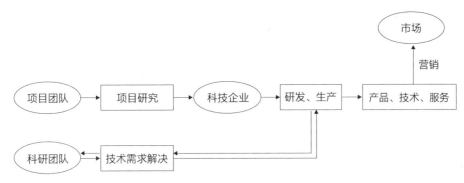

图 1-1　科技成果转移转化的过程

技术经理人全程参与科技成果转化是指，技术经理人全程参与技术的项目立项、信息管理、技术商业化应用分析、知识产权规划、产品实现与验证、科技金融、项目推广、营销与谈判、后续跟进产品升级与款项回收工作。技术经理人全程参与科技成果转化是技术经理人核心能力要求，是解决目前科研人员因商务、营销等问题无暇研发的手段。

目前技术经理人独立参与科技成果转化全流程服务对自身的能力有极高的要求，难度也大。本着着眼未来的思路，为尽快推动该模式的复制推进，笔者建议将全流程参与的阶段性工作进行分解，技术经理人以团队形式相互配合，并以个人自身现有业务为基点，推进业务延伸。

1.1.5.2　技术经理人的具体知识技能要求

为便于推动技术转移工作，根据技术转移流程将技术转移服务分为八个模块，分别是信息获取模块、技术商业化应用分析模块、知识产权模块、产品实现模块、科技金融模块、赋能与推广模块、谈判与合同模块、技术商业化模块。技术经理人的基础知识技能和技术转移服务要求包括以下九个部分：

（1）基础知识技能：科学技术知识、行业知识、科技服务业规范、技术转移服务规范等。

（2）信息获取模块：信息类法律知识、保密类法律知识、网络平台管理、互联网营销、文案策划等。

（3）技术商业化应用分析模块：民商类法律知识、评估基础理论、技术经济学、成本财会管理、无形资产评估、科技成果鉴定、尽职调查等。

（4）知识产权模块：知识产权法律法规、知识产权申请前评估、专利撰写与申请、知识产权布局等。

（5）产品实现模块：中试熟化与技术集成、技术域与产品定义、工程设计与交互设计等。

（6）科技金融模块：项目投资计划与融资、融资渠道与金融工具、基金运营与管理、纵向课题申请与管理等。

（7）赋能与推广模块：科技政策、互联网营销、信息收集、文案策划、商业计划书、推销技巧等。

（8）谈判与合同模块：《民法典》、商务策划、法律文本管理、技术合同管理、谈判技巧等。

（9）技术商业化模块：《公司法》、财税知识、经济学、管理学、项目管理、商业模式、创业孵化、股权结构设计等。

1.1.5.3　技术经理人的执业素养

技术经理人应具备技术敏感度、保密意识、理性客观的态度和以发展眼光看待项目的意识。

技术敏感度是技术经理人必备的执业素养。技术经理人每天都会接触大量的企业信息和技术信息，因此要善于利用高科技工具辅助自己收集有效信息，筛除无效信息。例如，面对科技成果，在项目评估之前初步判断和挑选出具有发展前景的科技项目非常重要，这就需要技术经理人聚焦技术或行业领域，并对相应技术和行业进行深入研究，能够发现存在的问题并预估未来发展趋势。面对企业诉求，要充分了解企业合作的诚意，做好基础调研工作。

保密意识是技术经理人最基本的职业操守。技术经理人全流程参与往往会掌握科技成果技术原理、弊端等核心信息，同时会了解到企业的技术瓶颈，这些信息大多属于商业秘密，这就需要技术经理人具备保密意识。在签订委托协议的同时要签订保密协议，并明确保密内容和保密范围等。

理性客观是技术经理人最重要的工作态度。技术经理人在开展评估过程中要保持客观的意识，不能全凭个人好恶和感觉判断项目的发展。在磋商洽谈时，要保持客观公正，不得刻意对技术接收方隐瞒技术的研发情况，不得刻意对技术持有方隐瞒合作的真实意图，以及其他容易误导供需双方而造成损失的信息。

此外，技术经理人要保持发展的眼光看待项目。科研项目从立项到产业化要经过漫长的过程，对此技术经理人要有心理准备。技术经理人是技术持有人的合作伙伴，是技术持有人的合伙人，要和技术持有人保持良好的合作关系。除了跟技术持有人一起研究技术项目的研发过程，还要帮助技术持有人研究技术转移路径，对技术持有人及其团队进行包装，实现与技术持有人的共同发展。

据此，遴选技术经理人可以从以下五个方面着手，如表 1-2 所示。

表 1-2　遴选技术经理人的要求

序号	类型	释义
1	学历、学位	具备国家统招本科学历，获得学士学位
2	行业经验	三年及以上相关领域从业经验或参加过行业协会举办的初级及以上技术经理人培训，具备该行业业务及管理技能，具备项目管理专业人士资格认证（PMP）、国际项目经理（IPMP）资质，具备团队管理经验
3	专业知识	熟悉国际、国内技术转移的相关知识，具备技术转移领域职业资格（初级、中级、高级资质），能够熟练运用本行业技能解决技术转移领域对应行业的问题，输出相关解决方案及经验
4	执业素养	技术敏感度、保密意识、理性客观的态度和以发展眼光看待项目的意识
5	工作态度及个人能力	具备独立、健全、完整的人格，健康的体魄，拥有积极乐观的心态，能够熟练应用技术转移领域相关软件工具，熟练使用办公软件、线上工作系统，能够利用各种网络工具顺畅、高效地与人沟通

1.2 技术经理人的分类

从具体项目推动过程来对技术经理人定位，可将技术经理人分为三个类型：专技型、管理型和商业型。根据人力资源管理对不同人的性格和特质的定位和个人对未来发展方向喜好的不同，技术转移机构可根据自身需要选拔和培养适合团队发展的技术经理人。

1.2.1 专技型技术经理人

专技型技术经理人并不是指从事技术开发的人员，主要是指参与技术转移具体执行细节，具有专业技术转移操作能力的人。在技术转移中，主要包括这几个方面人员：第一类是对技术进行分析评价的人员，第二类是对早期科技成果进行知识产权布局的人员，第三类是对早期科技成果投资评估的人员，第四类是科技成果转化过程中主导谈判、合作设计、协议签订的人员。

科技成果不同于一般商品，属于技术商品范畴。技术商品具有使用的不灭性、交易价格的不确定性、所有权的垄断性、使用价值间接性等特点，这就决定了对科技成果的评价、投资评估和协议签订不能完全照搬现有的评估方法和合作形式。同时，由于科技成果的保密性和转化周期限制，针对预转化的知识产权的布局也不同于企业内技术的知识产权布局，如针对科技成果，有一部分材料类科技成果项目的早期工艺类知识产权就可以以技术秘密的形式存在，对部分电子信息类科技成果可以选择申请实用新型而不是发明专利。因此，针对科技成果转化需要有针对本领域的专业化人才参与其中，这就是我们所说的专技型技术经理人。

专技型技术经理人是目前行业内最紧缺的一批人，造成这批人短缺的主要原因有以下几个方面：一是技术转移行业没有形成，少量技术转移机构对人才的需求无法激励更多人参与该领域工作，目前都是技术转移机构自行探索培养，与此同时，人才流失也很严重；二是具体板块深入研究程度不够，尚未形成指导思路。

如何对专技型技术经理人进行识别、培养？

第一，技术功底的培养。以互联网技术领域的技术经理人为例，需要对数据结构算法、编程语言、设计模式、操作系统结构、网络通信基本原理、前端基础知识、客户端开发、服务器端开发、linux 系统等有大致的了解，并对其中提到的一到两种精通，对刚入行的技术经理人可以采用培训的方式培养，对具备社会经验的技术经理人，可以从原所在行业挖猎来获取专业的技术经理人资源。

第二，项目管理能力。成为专技型技术经理人后，就不能只顾自己，需要有全局眼光，为整个团队负责，不光要完成自己技术领域分内的事，还需要照顾到整个团队的节奏。还是以互联网技术领域为例，需要从程序员视角变化扩充到专技型管理人员视角，负责推动技术转移项目的进度，协调团队成员顺利合作，做好必要的项目推动工作，利用精益的思维去推动项目改进、提升。这个时候技术经理人需要扮演项目管理者的角色，利用项目管理的知识去反向思维，如何才能满足团队及周围同事的要求。

第三，沟通能力。这是很多专技型技术经理人的薄弱点，但是想让自己转化的项目从众多高科技项目中脱颖而出，必须具备这样的能力，顺畅、舒适、愉快地沟通是技术转移转化成功的先决条件。仍用互联网技术领域举例，要想合作顺畅，必须具备清晰表达沟通的能力，并且能够充分领会对方的思想。如果上游合作者已经具备这方面的能力，对方会希望找个类似的合作伙伴共同快速推进项目落地，如果当前的技术经理人不具备这样的条件，那么市场会自动淘汰他，同时会帮助这位上游合作者找到另一位具备此技能的经理人，这样，缺乏沟通能力的技术经理人永远不能实现从技术人员到技术经理人的华丽转身。因此，通过赋能、培训、自学等任何可以提升自己技能的手段，抓住机会在工作中锻炼沟通技巧，对专技型技术经理人是非常必要的。

第四，行业背景知识。技术经理人应主动关注行业新闻、行业发展，关注所持有项目产品的相关领域背景、现状等，这样能够从中得到极大的成长和回报；否则，这件工作就沦为一种养家糊口的苦差。

专技型技术经理人可以根据自身喜好选择未来发展方向。第一类，对于不善于交际、逻辑思维比较严密、不喜欢做管理、喜欢安静工作的这类人员来说，可以坚持从事科技成果转化中具体某个领域的工作，例如，技术项目评价，支持团队其他人完成整个项目转移转化工作；第二类，对于具有管理意愿、管理意识的人员，可以向管理型技术经理人方向发展。

1.2.2　管理型技术经理人

管理型技术经理人是指从事技术转移工作，根据科技成果转移所处的阶段制定实施方案，并有效执行推动，能够把控项目全流程管理的人员。

管理型技术经理人首先要具备专技型技术经理人实际操作具体科技成果项目的能力，执行每个阶段的操作能力并不一定要高于专技型技术经理人，但管理型技术经理人在整个项目统筹管理、人员管理、营收控制等方面需要具有专业能力。

管理型技术经理人重在项目的管理，主要包括企业技术需求对接管理、科技成果校企技术合作管理、科技成果落地过程管理和校企合作平台管理四个方面。

企业技术需求对接管理是目前校企、校地合作的主要形式，尤其是以技术合同合作为主要形式。该过程中企业提出技术需求，高校、科研院所的科研专家以横向课题形式帮助其解决，但由于其技术需求详细程度不同，也包括有些需求真实性和迫切性问题，如何辨别需求真伪、整理需求信息、对接合适需求解决方、管理需求解决过程、保证款项顺利收取，最终保障项目顺利交付，是管理的重点。

科技成果校企技术合作管理是指高校科技成果以技术转让、许可的形式与企业合作，是目前各方主体最关注的技术转移形式，是企业产品实现高端化的方式之一，是科技成果转化中操作难度最大、风险最高的一种技术转移形式。该形式的科技成果转化是本书撰写的主要对象，希望通过抽丝剥茧的过程，总结科技成果校企合作共性过程和问题，指导初入学员很好地进入角色，具体操作方法将在后续章节进行描述。

科技成果落地过程管理是指使用高校、科研院所的科技成果直接成立公司。这种形式的科技成果转化涌现了一批优秀的科技型企业，例如，西安铂力特增材技术股份有限公司、西安巨子生物基因技术股份有限公司。但也出现了一批"僵尸企业"。在对部分企业的调研分析后可知，让科学家既管技术又管商务还要懂经营管理是不现实的，所以笔者提出了"科学家 +CEO❶"模式。该模式的科技成果转化对区域经济的发展起到至关重要的作用，值得政府部门予以重视。

校企合作平台管理主要是指政府单位为推动科技成果转化建立的线上、线下服务平台，以及技术转移机构为推动科技成果信息对接而搭建的线上服务平台。国内自推动科技成果转化以来，国家层面、省市级层面、区县层面建设了大量的线上平台，由于成果转化的特殊性，对线上平台的管理也提出了更高的要求，尤其是平台项目信息更新的及时性、质量管控的严格性、信息交流的便捷性，并且作为平台运营除了政府补助金额外，如何实现市场化收益还存在探讨空间，这都需要技术经理人去挖掘。

1.2.3　商业型技术经理人

商业型技术经理人是指以实现技术的产品化、商业化运营为主要目的的人，通常是指在依托转化技术成立的企业中担任主要运营角色的人员，主要指总经理、副总经理这一层级的人员。有市场前景的技术能否遇到能够运营该技术的人员是目前技术转移过程中的一个突出难题，静电复制术的市场应用过程就是典型的例

---

❶　CEO，chief executive officer，即首席执行官。

子，西安市目前在大力推广的"科学家+CEO"模式也是为了解决这一问题。

以目前国内高校、科研院所信息的开放程度和网络平台、专利数据库、各种路演给项目推广带来的便捷性，尤其通过互联网想找到相应领域项目已经不是难事，难在需要有专技型技术经理人通过专业方法筛选出有市场发展前景的应用技术，更难在找到能够愿意投入时间精力甚至资金运营该项目的商业型技术经理人。根据不同技术，生产不同的产品，采用最佳的商业模式，整合外界资源，推动产品走向市场，获得良好效益。

商业型技术经理人这一概念的提出是为了鼓励一部分有商业思维、企业家精神的人与科学家相结合。红杉全球执行合伙人、红杉中国创始及执行合伙人沈南鹏在 HICOOL 2021 全球创业者峰会上发表演讲，他认为中国创业主题正发生深刻变化，一个科技主导的创业时代已经到来。[1] 这个时代的到来，是历史发展的必然，也是国内外经济发展相互作用的结果。外因方面，中美贸易争端的重点领域就在科技方面，这使华为公司、中兴公司、大疆公司等一批科技企业受到不同程度的影响；与此同时，对欧美等国家或地区的商品输出已经不能局限于传统商品，高科技含量的技术商品也是国外所需要的。内因方面，一来我国作为工业产业门类最齐全的国家，引入商业型技术经理人更有利于促进产品创新和产品实现，节省成本；二来国内工业企业和传统贸易型企业由于产能过剩等急需转型，向科技方面转型是一个很好的发展方向。商业型技术经理人应关注创业、关注科技，它们是经济发展链条上的重要环节。

商业型技术经理人从名称上包含了商业能力和技术能力两个部分，这就要求商业型技术经理人不但要具备企业家所具备的能力，还要具备技术把控能力。通常认为，企业家所具备的能力主要包括组织管理能力、设计商业模式能力、资本运作能力、识人用人能力等，这其中可以是个人具备的能力，但更多的是团队具备的能力。此外，商业型技术经理人还应具备对技术发展周期的判断能力和把控能力，以及技术演化与市场发展预测能力。

---

[1] 佚名.沈南鹏：创业者既要做企业家，更要做企业公民［EB/OL］.［2022-03-17］.http://finance.sina.com.cn/hy/hyjz/2021-09-11/doc-iktzqtyt5364222.shtml.

1.3 技术经理人 TMOS 流程

> 如果你不能把正在做的事情以流程的形式清晰、完整地描述出来，你就不知道自己在做什么。❶
>
> ——威廉·爱德华兹·戴明

技术经理人实操流程（technology manager operation system，以下简称 TMOS 流程）是本书的主要内容，本书将分享在西安市等地已经摸索出来的一部分科技成果转化经验。本书主要供没有从事过技术转移工作，或者刚从事技术转移工作想要了解如何开展技术转移工作的读者使用，书中内容并不深奥，更多的是技术经理人对实操过程中成果转化的理解和过去技术转移过程中遇到问题的总结，希望能起到抛砖引玉的作用。

1.3.1 为什么启动 TMOS 流程

西安市从 2015 年开始开展技术经理人培训，从最开始的经验传授，到后期技术经理人项目全流程管理培训，走过了从经验总结到模式摸索再到简化推广的过程。最早的几批受训学员很多已经成为十分优秀的技术经理人，例如，作为最早一批学员之一的王海栋，他所创立的西安远诺技术转移有限公司目前已经是西安市民营企业中非常优秀的技术转移服务机构，他也是本书的作者之一。

同其他城市一样，西安市技术经理人培养的人员主要来自以前没有接触过技术转移的人员或者在从事技术转移相关工作不久希望有所提升的人员，所以

---

❶ 谢旭辉，郑自群. 技术转移：就这么干［M］. 北京：电子工业出版社，2017.

初级技术经理人培训更多的是让学员了解什么是技术转移，技术转移的基本操作流程。对初学者来说，最重要的是避免被"技术转移很难"的思维束缚，要放下包袱。全国目前需要高级技术经理人 3 万多名，缺口非常大，向市场最需要的蓝海人才圈努力是本世纪人才发展需要遵循的路径。了解技术转移的基本操作流程，是进入科技成果转化领域的最基本要求，同时，既有利于参训学员减少对科技成果转化的迷茫带来的信心不足，又有利于指引他们为成果转化下一步操作做好准备工作。这也是编写本书的初衷，书中把复杂的科技成果转化过程分成四个部分，这四个部分也是科技成果转化最基本的四个步骤。

1.3.1.1　引导技术经理人开展成果转移转化工作

1. 有利于团队内部管理

技术经理人是技术转移机构的基础，技术转移机构以科技服务为主营业务。张晓凌等在《技术转移业务运营实务》一书中指出："新兴的服务业务不仅贯穿技术贸易的前期开发、中期运营以及后期保障的直接转移过程，还要为技术评价、效益评估、科技咨询、企业孵化等多专业和多领域提供与之相关的全方位支持。"[3]

《国务院办公厅关于推广第二批支持创新相关改革举措的通知》将"技术经理人全程参与的科技成果转化服务模式"列入其中，并说明该模式是指"以技术交易市场为依托，技术经理人全程参与成果转化，将技术供给方、技术需求方、技术中介整合在一起，集成技术、人才、政策、资金、服务等创新资源，帮助高校、科研院所提高成果转化效率和成功率"。在实际运作中，让一名技术经理人能够实现全流程跟进目前还有差距，我们推动的模块化配合方式，需要 3~4 名各领域的人相互配合，在技术转移机构早期运营阶段会以项目制形式，在管理型技术经理人及项目经理的管理下组织协调各领域人员推动项目转化，或者各领域人员分属不同团队或部分，由项目经理根据需要和配合熟练度选择合适的技术经理人参与。跨部门、跨团队的人员组合，需要各模块间首先熟悉自己模块的内容和要求，了解其他板块的内容和要求，这样配合默契程度才会高，那么根据共同业务流程来设置不同部门或团队的工作内容就至关重要。

2. 提升团队形象

传统技术经理人一直被视为中介，他们所运营的团队性质也被认为类似于中介、代理机构。自 2015 年实施修正后的《中华人民共和国促进科技成果转化法》（以下简称《促进科技成果转化法》）以来，国家和社会对科技成果转化工作越来越重视，对联结科技成果转化政、产、学、研、金、服各板块的技术经理人也在国家文件多次被提及，技术经理人的地位和作用开始受到重视。前期人员储备不足，很多没有从事过技术转移工作，没有经过相应学习、训练的人员出现在这个领域。由于水平有限，一部分人员甚至打着技术经理人的旗号做着其他领域的业务，也给高校老师带来困惑。当前，急需专业化、规范化的技术转移团队在这个行业起到引领作用，树立技术经理人这面旗帜，避免给企业和高校科技成果持有人留下技术经理人形象不良的印象。新兴的技术经理人团队，类似于一家小型公司，从法务、运营、人事到质量控制、技术、管理、市场销售多个角色齐备，在团队中可能一人分担多个角色。团队形象的提升主要由运营部门主导，结合时代特点，可采用多样方式，融入多媒体手段，线上线下配合，共同运营提升团队形象。

3. 提升业务人员能力的需要

西安市在技术转移人才培养上，在完成了入门介绍和引导后，则开展模块化能力培养。明确了流程，明确了模块，让学员更容易知道自己了解什么，还有哪些内容需要进一步深入学习。

1.3.1.2　规避成果转移转化过程中的风险

科技成果转化之所以会给人造成很难实施的印象，其原因除过程复杂、收益难以把控之外，最主要的还在于风险难以把控。对成果转化过程加以把控，很难从根本上解决所有风险问题，但可以降低风险程度，大大简化企业、高校、服务机构三方的工作量。

科技成果转化的主要风险来自与企业的合作对接，其中包括信息不对称、"门里门外两手价"、费用收取没有统一行业规范、交付成果无专业第三方机构监管等问题。与此同时，企业对与高校合作也顾虑重重，高校可能在技术成熟度、项目完成时效性、国有资产收益分配等方面还不完善。此外，企业对技术转移服务机构如何获得合理收益、服务费用收取等方面也存在顾虑。

技术经理人如果熟悉技术转移流程各模块管理，那么至少在以下几个方面可以规避风险、加快转化进程，具体包括：能够按照项目接收方的思维处理项目发布的信息，将项目的技术语言转变为商务语言，让传播更有效；分析项目转移转化方式，根据技术的成熟度、适用范围、行业发展趋势等情况的不同，制定转移转化方案；对项目技术进行二次开发与包装，包括对项目持有团队的包装和项目本身的包装，都有利于项目转化，选择什么样的形式进行项目推广，向谁推广都有一定技巧；熟悉谈判内容，在谈判中把握合作方式、知识产权归属、收益分配多少和分配形式，更好地保证各方收益和合作的长期进行。

1.3.1.3　引导科技成果转移转化的规范化开展

1.科技成果转化急需进行理论研究

随着科技成果转化研究的逐步深入，近年来，在政策法规、评估、知识产权运营等方面成果显著。但在过程规范性管理方面的研究还有待加强，究其原因，一方面，该领域成熟、专业的人才稀缺；另一方面，当前业内标准规范还未形成，造成科技成果转化路径复杂，市场上的案例五花八门，不能从架构上简单直接地呈现说明。

2.各地区间技术经理人应加强合作

随着西北地区市场需求的扩张，陕西省吸引了越来越多的来自全国各地的技术转移机构，相互之间的合作越发频繁，如何与工业企业相对密集的浙江省、深圳市、江苏省、山东省等地技术转移机构更加高效合作，对西北地区来说显得尤为迫切。以西安市为例，西安市在科研和人才方面具有绝对优势，但在资金和企业方面处于劣势，而沿海城市往往具有这方面的优势，相互合作效果会更加显著。地区间技术经理人合作，需要共同的业务基础，因为在项目如何收集、项目如何处理、协议如何商定、和企业对接的技术转移机构与企业谈判到何种程度、项目如何把控等方面都需要有共同的业务合作基础，在这种情况下，相对一致的管理流程会解决很多不必要的问题。

基于以上两点原因，技术经理人培训日趋火爆。如何根据科技部火炬中心发布的《国家技术转移专业人员能力等级培训大纲（试行）》要求，顺利、高效地开展工作？本书的编写是为技术经理人培育所作的努力之一，也期盼各企业、协会、机构共同发力，在各自擅长的领域提供不限类型、不限形式的人才培养活动。

1.3.2　TMOS 流程的内容

根据当前工作的推动情况，本书重点针对 TMOS 流程的四个重要节点进行阐述，分别是技术转移中的信息获取（第 2 章）、技术商业化应用分析（第 3 章）、科技成果的赋能与推广（第 4 章）、技术转移中的谈判与合同（第 5 章）。

1.3.2.1　技术转移中的信息获取

信息获取是科技成果转化工作开展的基础，从一定程度来说，科技成果转化过程就是对信息的收集、分析、应用的过程。在技术经理人全流程跟进科技成果转化的前提下，应该获取哪些类型的信息，这些信息有什么特点，信息的收集渠道、方法是什么，面对收集的科技成果信息如何鉴别、分析、储存与应用，这些内容都将在本书中加以阐述。

1.3.2.2　技术商业化应用分析

在这一章，笔者没有采用技术评估的概念，而是采用技术商业化应用分析的概念，这主要是为了区别于无形资产的评估和对科技成果价格的评估。此章内容分为四个部分：技术商业化应用分析的目的与作用、技术商业化概述、技术与产业发展的关系、技术评价的关键方法。在其中，主要是从技术经理人角度理解技术商业化应用分析的作用，判断某项高校披露的项目是否可以进行转化，以及如何帮助高校早期科研通过技术商业化应用分析寻找产业化机会。

1.3.2.3　科技成果的赋能与推广

技术转移中的信息获取与技术商业化应用分析明确了科技成果是否值得转化，往哪里转化的问题，接下来就是制定转化方案。转化方案应考虑以下几个方面：第一，对科技成果进行二次开发，使它往产品实现的方向走；第二，对科技成果及其二次开发进行知识产权布局；第三，引入金融的力量或成果需求方。前两个方面将极大地提升待转化科技成果的成熟度与市场价值，因此被称为科技成果的赋能，第三个方面主要是让成果需求方与相关的金融机构认可其价值并加入推进该科技成果的转移转化中，为后续的商务谈判提供价值认可的基础、人际关系的基础，因此被称为科技成果的推广。

1.3.2.4　技术转移中的谈判与合同

谈判的目标是达成合作，签订并履行技术转移合同。充分且专业的谈判可以有效地保证技术转移合同文件的全面与完善、保障合同的顺畅履行并且可以有效防范相关法律风险。此章从谈判的含义入手，指出谈判对技术转移的意义，重点介绍谈判前和谈判各项工作的内容、注意事项，简要介绍谈判结束后合同签订和履行的注意事项。

以上四个节点内容会在后面四章进行详细描述。

1.3.3　如何实施 TMOS 流程

技术转移的过程不是一个线性管理的过程，不能要求按照固定步骤进行流程管理，需要根据不同节点的情况分析如何向下推进。为便于读者了解技术转移最基本的过程，笔者绘制了一张简图，如图 1-2 所示，通过这个图能够很好地了解各部分之间的关系。

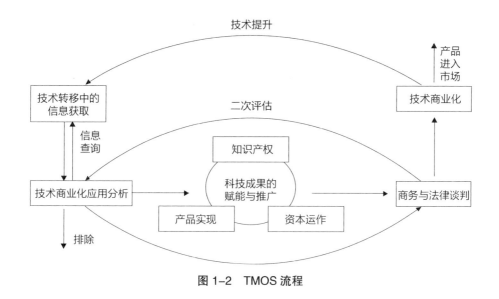

图 1-2 TMOS 流程

1.3.3.1 灵活运用

熟悉科技成果转化流程的主要节点和范围是从事该项工作的基本要求。简化流程可以让技术经理人更好地理解科技成果转化以及更好地参与科技成果转化活动。

技术转移中的信息获取是四个节点中需要人力资源最多的一个环节，它和科技成果的赋能与推广中的推广部分一样，是需要大量外部资源配合的一步。就目前陕西省高校而言，可统计的在研科技成果 5 万余项，在陕西省想要获取基本的项目信息并不困难，但获取信息后如何处理，在下文信息获取模块会详细说明，获取的项目信息往往由于不符合技术经理人参与科技成果转化的要求，大部分会被排除。这里要说明的是，并非被技术经理人排除的项目就不是好项目，例如，很难形成知识产权的项目或只能以技术秘密形式存在的项目，以及共性技术项目，技术经理人一般不会代理但社会企业却需要，所以这就需要学校成立技术转移机构推动高校技术转移，社会技术经理人机构和高校技术转移机构共同配合推动高校成果转化。在技术转移中的信息获取阶段未被技术转移机构排除的项目也并不是说机构就会代理，而是要进入技术商业化应用分析阶段。

技术商业化应用分析和商务与法律谈判这两个阶段在科技成果转化整个流程中是最为重要的两个环节，也是最为复杂的两个阶段。技术商业化应用分析阶段最重要的是规避风险，所以进入该阶段的项目处理方式主要包括三种：第一种排除项目，第二种确定跟进项目，第三种核实项目。目前，各机构会有自己的技术评估管理办法，主流方法是在中国技术交易所专利价值评估基础上进行调整，从技术维度、法律维度、市场维度评估，或者在这三个维度基础上增加技术持有人维度或创新维度等。由于技术经理人跟进项目的精力有限，一般一年紧密跟进的项目在 2~3 个，因而大批的项目都会被排除。对于发展前景良好，或者现阶段还不够成熟的项目，或者信息需要进一步收集的项目会选择返回信息获取阶段继续收集。该阶段会确定项目的转化形式，自行成立公司或者寻找公司合作，或者对项目进行赋能与推广。

科技成果的赋能与推广阶段要根据项目的不同情况来确定，并不是所有的项目在技术商业化应用分析后都要经过赋能与推广，部分优秀项目会直接进入商务与法律谈判阶段。赋能与推广阶段根据项目基础不同，选择开展面向产品实现的二次开发、知识产权赋能与资本运作，有部分项目以上三个环节工作会放在合作协议签订后，与技术吸纳方合作后再进行。

商务与法律谈判阶段虽然重要，但在流程管理上相对比较简单，重点在于对谈判不成功的项目的处理，通常在设计流程过程中，对谈判不成功的项目并不会直接放弃，而是返回技术商业化应用分析阶段，对项目进行再分析，通过谈判过程中从吸纳方了解到的信息情况进行再判断，按照技术商业化应用分析阶段的处理方式进行流程管理。

技术商业化并不是本书的重点，所以在本书中并没有列为一个章节进行描述，同时由于市场上企业创立、商业模式、经营运营方面的书籍已经很多，因而本书不再单列章节。但从流程上来讲，这个阶段才是产学研的起始阶段，即企业提出需求阶段，再到信息获取阶段，从而形成成果转化的闭环。

1.3.3.2　谁来推动该流程

能够明确科技成果转化流程是一回事，能够设置并推动流程的有效运行又是另外一回事。科技成果转化的实际操作人员自然是技术经理人，但从组织层面，尤其是现阶段推动成果转化仅依靠培训技术经理人，即使认定和培训的群体够大，但展现出来的实际效果却不尽如人意。从另一个角度来说，各技术转移的主体——高校、研究院所、企业内均有很多在实践中历练出来的优秀技术转移人才。就现阶段而言，通过技术经理人来见到明显的科技成果转化效果还有一段路要走。未来技术经理人将发挥重要的作用，尤其是当全国拥有 3 万余名既懂技术，又懂管理，还懂商务的一群技术经理人出现的时候。那么，现阶段应该由谁来推动技术转移流程？

1. 社会团体和联盟组织

技术转移不同于其他行业，这是一个一直存在但作用一直未被凸显的重要经济环节，是创新的重要组成部分，是支持创业的重要形式。现阶段，科技成果转化这个领域的发展急需社会团体和联盟组织的引导，现有的社会团体和联盟组织或者受生存压力的影响，或者受上级任务的限定，没有能够充分发挥相应作用。目前，科技成果转化领域的市场足够大，技术转移机构间会有竞争，但由于行业足够多、项目足够多、技术持有人足够多，完全针对性的竞争目前还很难出现，更多的是相互间的配合。

2. 技术转移机构

这里所说的技术转移机构主要是以科技服务为主业的机构，它是本书所推动的科技成果转化流程的主体、组织单位和对外执行单位。技术转移机构的目标定位和组织能力将直接影响机构未来的发展情况，现阶段还存在打着技术转移旗号，不做技术转移事情，不深入研究技术转移事项，没有未来定位的机构，这类机构很难把握住科技成果转化发展的良好机遇。技术转移机构不能仅将自己定位为中介机构，在科技成果转化这条道路上，尤其在西安市这样的成果相对密集的城市，仅做中介也很难发展下去。因此，技术转移机构要多头发展，围绕技术转移业务，开展咨询、转移转化和成果孵化服务，短期、中期、长期发展相互搭配。

3. 技术经理人

技术经理人无疑是技术转移流程的真正执行者，但技术经理人不是一个人，而是一类人。尤其是本书的受众，想做技术转移，或者刚开始参与技术转移工作的人，需要跟其他技术经理人一起配合开展技术转移工作，本书将尝试为你去寻找与你配合开展工作的人。如果是技术转移机构中的一员，很荣幸这个业务领域有你的加入，但这仅是开始，还需要积累很多的技术知识、管理知识和商务知识，技术转移没有一劳永逸的时候，技术在进步，我们也需要不断进步。

第2章　技术转移中的信息获取

故明君贤将，所以动而胜人，成功出于众者，先知也。先知者，不可取于鬼神，不可象于事，不可验于度，必取于人，知敌之情者也。

——孙武《孙子兵法·用间篇》

2.1　技术转移中的信息概述

技术转移的过程可以从横向和纵向两种角度去理解。从横向来讲，技术转移是指一项科技成果从一个主体流转到另一个主体并形成新技术的过程，着重强调执行主体之间的转化。从纵向来讲，技术转移包括前期的技术研发到后期的技术产业化，这是一个科技成果市场化的全过程，而且更强调科技成果的产业化。另外，信息作为一种情报手段，是技术转移过程能否顺利进行的必要条件。为了更好地阐述技术转移中的信息，下文将技术转移中涉及的信息统称为技术转移信息。

2.1.1　技术转移对信息的依赖性

从横向角度来看，如图 2-1 所示，技术转移信息是指引导产业转化、主体转化的数据信息。当一项科技成果具备转化条件时，想要推向哪个具体产业，或想要转化给哪个具体主体，就需要详细了解该特定产业和特定转化主体的相关信息，包括产业容量、产业发展趋势、产业技术趋势等，以及待转化主体的经营、生产、研发等多维度数据，以便有针对性地制定转化策略，锁定转化对象，提高转化成功率。

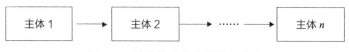

图 2-1　技术转移信息的横向流动

从纵向角度来看，如图 2-2 所示，技术转移信息是指引科技成果产品化、产业化的数据信息。当一项科技成果完成工作原理验证后，想要进行产品化或产业化，就需要详细了解该科技成果适用的产品种类、产品构架，以及所述产业领域的竞争情况、产业难点、市场营销动态等多维度数据，方便选择合适的转化路径，设定科技成果二次开发方向，不断熟化科技成果，提高其转化成功率。

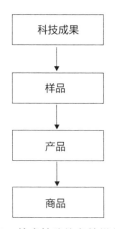

图 2-2　技术转移信息的纵向流动

另外，从技术转移的全过程来看，在技术转移的前期，如果想要将科技成果产业化，就需要了解该科技成果对应产业的动态，了解市场和行业的需求信息。在技术转移的中期，需要随时关注行业和相关技术动态信息，并调整自身的技术路线和具体产品化形态。在技术转移的后期，需要了解拟转化对象或竞争对手的动态、市场营销动态信息等。简言之，技术转移信息分布在技术转移的各个环节和过程中，是技术产品化乃至产业化不可或缺的必要支撑。

现阶段，技术转移供需对接失败率高的主要原因之一就在于供需双方的信息不对称。一方面，技术供给方不了解市场和企业的真实需求，所研发的技术并不是行业真实急切的需求技术。同时，市场上还存在很多伪需求，即使技术供给方通过渠道拿到了所谓的企业的需求信息，却无法判断是否为真实需求。另一方面，技术需求方拿到了相关的科技成果，却不了解科技成果所包含的核心技术，对科技成果的先进性和应用情况不能很好地吸收和判断，也不能恰当地评估科技成果的合理价值。这些都是现阶段技术转移失败的原因。因此，技术转移信息的足量、准确获取对于消除供需双方交流和沟通的障碍至关重要，可以使整个技术转移的过程在逐渐清晰化的背景下进行，更有效地提高技术转移的效率和成功率。

因此，技术转移的过程必然是一个以信息为导向的流通过程，技术转移信息是技术转移成功必不可少的条件，没有信息就没有决策。

2.1.2　技术转移涉及的信息种类

技术转移信息是指能为技术转移过程提供指引、决策、预警作用的一切信息以及衍生的情报内容。技术转移过程往往伴随着对技术转移信息的收集、鉴别、分析、存储与应用。

技术转移信息可以从不同角度进行分类。从技术转移的供需主体进行分类，技术转移涉及的信息可以分为技术需求信息、科技成果信息。技术需求信息是指技术需求方发布的与技术需求、技术需求方、技术需求所属行业相关的信息。其中，既涉及该技术需求所需要解决的技术问题、技术指标等，也涉及该技术需求方以及与该技术需求相关的产业信息。科技成果信息是指技术供给方发布的与科技成果、科技成果方、科技成果所属技术领域相关的信息。其中，既涉及该科技成果中所能解决的技术问题、技术方案等，也涉及该技术供给方以及该科技成果相关的技术领域信息。不同的信息类型所获取的渠道、服务的对象都各不相同。

另外，从信息的表现形式进行分类，技术转移信息还可以分为可表达型技术转移信息和非表达型技术转移信息。可表达型技术转移信息是指通过基本的信息收集手段就可以直接获得的较为客观的信息，包括科技成果的技术方案、科技成果所形成的知识产权、科技成果持有人的学历及所在单位、科技成果所涉及的产业领域等，也包括技术需求的指标、技术需求发布方的信息、技术需求所涉及的产品信息等。这些信息基本上是显性的、可表达的，相对来说比较好收集。非表达型技术转移信息是通过调研、访谈等手段获取的较为主观的信息，包括技术持有人在某领域的研发能力、项目研发过程中形成的项目经验和对技术的基本判断以及技术持有人的合作意愿等，也包括技术需求的真实性、技术需求发布方的迫切程度等。这些信息基本上是非显性的、不可表达的，相对来说不太好收集。不管是可表达型技术转移信息，还是非表达型技术转移信息，对于科技成果、技术需求的深入剖析都是必不可少的。

2.1.3　技术转移信息的特点

技术转移信息与其他类别的信息类似，都有信息的共性，但因为技术转移行业的特殊性，也具有区别于其他信息的不同特点。

2.1.3.1　技术转移信息涉及的信息种类多、信息量大、获取难

以科技成果信息为例，它包括科技成果所采用的核心技术信息、行业信息、政策信息、市场信息等。核心技术信息包括技术的先进性、可替代性、技

术成熟度、技术应用情况等。行业信息包括行业发展现状、发展趋势、地域信息、竞争情况、行业标准等。政策信息包括国家的、地方的、所处行业的政策信息等。市场信息包括市场需求情况、商品竞争情况、消费者情况等。各式各样的技术转移信息，需要不同的获取渠道。其中一些信息可以从公开的途径获取，如网络、专利库、论文库等途径。而另一些信息可能会涉及技术供给方的技术秘密，或者涉及其他企业主体的技术秘密，这些就很难通过公开途径获取。例如，在实际操作中，要判断某些科技成果的技术是否先进，如果拿不到现有市场上同类产品的技术性能指标，就无法判断科技成果的先进性如何，与此同时，如果该科技成果采用了颠覆性技术，那么即使拿到了指标也无从比对。再比如，涉及某类细分领域的技术，很难从公开的资料中获取特别细分领域的行业整体情况，更不要说了解细分行业的市场规模、技术壁垒、商业模式等信息。因此，技术转移中涉及的信息量大，且一些深层次的信息很难通过有限的途径进行获取与辨别，这就要求技术经理人具备很好的数据检索能力和分析能力。

2.1.3.2　技术转移信息涉及人的主观信息

对于技术转移从业人员来说，技术转移不仅要与科技交互，更为重要的是要与人交互，所以技术转移信息必将向外延伸到与人交互的信息中。刚入行的技术经理人往往对从与技术供给方、技术需求方交流中获取的信息判断不太准确，导致后期的技术转移过程难以进行下去，最终导致技术转移失败，这种现象比比皆是。具体来讲，带有人的主观性的技术转移信息包括技术持有人的转化意愿、性格特点、合作意愿等信息，也包括技术需求方代表对该技术需求的认知程度、真实意愿等信息。这些信息都是隐藏性的信息，是没有公开的，相比显性的信息可供技术经理人查询，而隐藏性的信息则需要靠技术经理人的主观判断，这就要求技术经理人具备较好的沟通能力和应变分析能力。

用一个现实案例来说明这一点。某技术经理人通过某成果展示网站看到了某高校张工程师的一项关于提高轴承耐磨性的成果，感觉与自己原先接触到的技术需求非常匹配，很是开心，当即与原技术需求方联系，并告知当前有一个科技成果可能与技术需求非常匹配。在签订技术需求对接服务合同后，该技术经理人通过高校科技处联系到了张工程师，在与他交流时被告知暂时还没有转化的意愿，张工程师还在做一系列针对轴承的研究，他想在系统化的研究完成后再进行转化，最终该需求对接活动以失败告终。虽然在后期该技术经理人与张工程师在推广新式轴承方面获得了成功，但是之前的需求对接活动无疑是失败的，究其原因，某技术经理人签订对接服务合同之前并未与成果方深入沟通，了解其转化意愿，白白浪费自己和技术需求方的时间。

2.1.3.3　技术转移信息的获取成本较高

技术转移工作在我国处于早期发展阶段，还没有形成完全固定的盈利模式。现阶段，技术转移的整体成功率不高，能从技术转移过程中获得收益的可能性就更小。同时，技术转移周期较长，整个技术转移过程中所花费的时间、人力、经济成本都是相对较高的，如果最后的结果为失败，无论是技术供给方、技术需求方还是其他参与方都会面临较大的损失。从技术转移信息获取的难度和途径来看，也必定会支出较大的成本。因此，对技术转移参与的各方来说，在存在较大的风险即成功率很低的情况下，在前期花费很多的信息成本是不合理的。这就需要技术经理人在主导技术转移过程中审视权衡功效比，及时调整信息获取成本，在不同的转移转化阶段有目的性地收集必要信息，放弃部分外围信息，以达到最佳成本控制。

同样用一个现实案例来说明这一点。某技术经理人接触到某高校李教授的土地治理技术，在与李教授进行交流后感觉该土地治理技术对我国未来油田污染的土地治理有非常好的产业前景。于是，在未对该土地治理技术深入了解之前，就立马联系了一个数据分析公司付费开展该土地治理技术的分析和行业调查，支付了近10万元的信息服务费用，又出差到大庆了解现场应用场景，出差近3天，花费了约5000元。然而，得知大庆油田相关部门已经收集到很多种土地治理技术方案，对李教授的土地治理技术，该部门表示该技术具备一定的创新度，但因为成熟度不高，需要进一步投入，且预判投入会很大，于是对该技术并不感兴趣。最终该技术经理人在花费 10 余万元与多天时间后，以失败告终。虽然该技术经理人学习到了关于土地治理方面的知识，但付出的代价过大了。从该案例来看，控制成本对从事技术转移行业的技术经理人而言至关重要，要在前期合理预判、深入思考后再行投入资金，以达到最佳成本控制。

2.1.3.4　技术转移供需双方的信息不对称

因为科技成果价值高、私密性强的特点，供需双方在技术交易过程中必然存在信息不对称的问题。技术供给方掌握着科技成果，一般处于信息优势方，在交易过程中，技术供给方放大科技成果的效果和优势，隐藏科技成果的劣势是实践中经常存在的问题。同时，为了保密，科技成果技术供给方往往不愿意将核心技术全部公开给技术需求方，防止同行或者技术需求方拿到关键技术后自行研发。与此同时，技术需求方为了防止竞争对手了解本企业的技术需求和后期的技术发展动向，往往也不愿将技术需求公开发布，导致技术供给方得不到真实的技术需求信息。诸如此类，技术转移中的供需双方在信息披露上存在矛盾点，其交易过程必然存在信息不对称的情况，这就要求技术经理人在此过程中利用专业经验做好信息保密工作，同时平衡信息偏差，促成技术转移转化。

这是一个现实案例。某技术经理人发现某高校贾副教授的切削液技术相比于市场上的同类科技成果成本低、性能好，于是判断该项目必然有非常好的产业前景。在做市场推广过程中，该技术经理人联系到浙江省的某机械加工厂，与该厂的厂长深入沟通后，很快达成合作，签订了合作协议。但在样品拿到该机械加工厂试用时，发现该切削液对机械设备有腐蚀作用，当即取消合同。事后发现，该厂长并未将其机械设备的切削部件公开给贾副教授，而贾副教授也并未告知其切削液对部分材质的切削部件有腐蚀的副作用，最终导致合作失败。由于签订的是三方协议，该技术经理人在此次合作中承担了违约责任，向该机械加工厂赔付了 2 万元的赔偿金。从该案例可以看出，平衡信息偏差对技术转移至关重要，技术经理人要不断积累经验，发现可能导致信息偏差的因素，及时询问和告知，才能提高转化的成功率。

以上为技术转移信息的特点，供技术经理人参考。随着技术转移行业的深入发展，相信上述特点会随着行业的成熟逐渐变化。

2.1.4　技术需求对接和科技成果转化

当前，技术转移行业的技术经理人主要从事两项工作，一项是需求对接工作，另一项是成果转化工作，如图 2-3 所示。需求对接工作主要是在获取技术需求方提供的技术需求后，根据技术需求去寻找那些能够解决该需求的技术供给方，此时并不需要技术供给方已经完成研发的科技成果，但需要技术供给方具有解决该技术需求的技术能力。换言之，就是要找到能够解决该技术需求方提供的这个特定问题的技术方案，而该方案大多是在特定场景下针对定制化需求设计的，靠的是技术供给方在长期研究的过程中形成的技术能力。其合作形式大多表现为技术合同的形式，以委托开发合同为主。成果转化工作主要是在收集到技术供给方已经完成研发的科技成果后，根据科技成果寻找其适用的特定产业、可形成的产品或者可以应用该成果的产品。转化形式可以是技术供给方自行转化，也可以是和该产业方向的企业合作转化，其中涉及的流程较长，从技术收集、产业或产品定位、二次开发、市场对接等到转化实施和产业化等多个环节。此时，更关注该技术供给方已经完成研发的科技成果。

图 2-3　需求对接与成果转化两种工作方式对比

本书下文将从成果转化工作方面进行展开，也即将以成果转化工作涉及的相关内容作为重点进行详细论述，且主要对成果转化过程涉及的技术转移信息进行详细讲解。

2.2 科技成果信息的收集渠道与方法

2.2.1 科技成果信息的收集渠道

要全面分析一项科技成果，需要从不同的来源和渠道尽量获取全面的信息。获取的科技成果信息需要具有可靠性和及时性。对获取信息的内容进行分类，主要可以分为技术信息、市场信息和持有人信息。以下重点介绍这三类信息的收集渠道。

2.2.1.1 技术信息的收集渠道

技术信息收集主要是为了了解技术先进性、行业发展、关键技术的概念、原理等，常用的收集渠道分为三种：科技文献、数据库和专家咨询。

1. 科技文献

科技文献作为科技成果的一种载体或者表现形式，是科技成果转化过程中最常用的信息来源渠道之一。科技文献类型主要包括：科技图书、科技期刊、科技报告、专利文献、会议文献、学位论文、标准文献、产品资料、技术档案、政府出版物等。而在技术转移过程中，最为常用的科技文献主要为专利文献、学位论文和科技期刊等。

（1）专利文献。专利文献是反映科学技术发展最迅速、最全面和最系统的渠道。专利文献是世界上最大的技术信息源，据实证统计分析，专利文献包含了世界 90%~95% 的科学技术信息。庞大的专利信息为技术转移提供了技术情报的来源。同时，相比于常规技术刊物，专利文献所提供的信息一般早 5~6

年，相对于其他文献形式，专利具有新颖性、实用性强的特征[4]。专利文献中包含了与该技术相关的技术问题、技术方案和技术效果。其种类包括：发明专利、实用新型专利和外观设计专利。

在技术转移过程中，通过专利文献了解技术信息无疑是一种非常好的方式，因为科技成果的展现形式与专利文献的格式非常对应。对于科技成果的展示，一般会先提出技术背景以及技术背景下的技术痛点，之后会介绍该科技成果的方案，最后再提出科技成果的优势及效果。而专利文献亦是如此，即先提出本专利所要解决的技术问题，之后围绕技术问题给出解决方案即技术方案，然后再给出采用该技术方案带来的技术效果，这样便于技术经理人较为准确地抓取想要的技术信息。但专利文献对技术经理人也存在诸多挑战：一是专利文献中记载的技术方案偏向思路和想法，相对于论文而言，原理与理论部分介绍不够翔实，不利于技术经理人对科技成果的理解；二是专利文献为法律性文本，对于没有专利基础知识的技术经理人而言，从中提取想要获知的技术内容也稍显困难；三是专利文献中很少提及科技成果的弊端，而市场需要的产品是不能有瑕疵的，这对技术经理人判断科技成果提出了更高的要求。整体而言，专利文献是技术经理人首选的技术信息获取渠道，但也要正视专利文献中的诸多问题，客观地对科技成果进行判断。

（2）学位论文。学位论文也是价值较高的一种文献载体。学位论文汇聚了大量的研究成果，其信息量大、技术先进、研究范围广。相对于专利文献，学位论文更偏重于记载技术的理论原理，同时更加系统阐述技术方案，内容全面。技术经理人如果想要详细地了解某一项科技成果的原理和技术脉络，学位论文无疑是最佳的选择。但学位论文文献对技术经理人也有诸多挑战：一是学位论文专业度深，涉及大量专业术语、理论知识，如果没有足够的理论基础，理解起来会比较困难；二是学位论文偏向于理论的探索，而缺乏一些实际使用中的应用方案，从中获取到想要的技术信息并不容易。整体而言，学位论文是技术经理人获取技术信息的一个重要来源，对从理论层面上识别科技成果的真伪性有很大帮助。

（3）科技期刊。科技期刊是一种发表自然科学及技术的杂志，与专利文献、科技图书并列为科技文献的三大支柱。其主要特征包括连续性、时效性、创新性和渗透性等。它对科技成果信息的获取也至关重要。技术经理人如果想要针对收集到的科技成果的先进程度进行判断，科技期刊无疑是最为合适的，因为科技期刊论文相对学位论文而言，其时效性更优，内容介绍更简洁，方便对比判断科技成果在其技术领域的创新性或先进性。但科技期刊论文对技术经理人也是富有挑战性的：其一，与学位论文类似，科技期刊论文专业度深，理解其内容并不容易；其二，科技期刊论文介绍的技术内容侧重于局部创新，更加专注于细分技术领域，这会使技术经理人"只见树木，不见森林"，很难从中定位清楚该技术信息与要转移转化的科技成果的关联性。整体而言，科技期刊是技术经理人获取更为详细技术信息的重要手段，在了解大的技术背景条件下，对特定技术信息的详细了解有很大益处。

2. 数据库

当然，除了科技文献外，数据库也是非常好用的一种信息获取途径。数据库是存放特定数据的仓库，其存储空间大，并且存放的是经过整理后的统一格式的数据。目前，已经有些经过特定加工后的商用技术数据库，便于技术经理人查阅相关技术资料，对了解特定行业的技术信息有很大的帮助。但美中不足的是，这些数据库大多是围绕特定技术领域的数据库，其涵盖的内容并不能完全满足技术转移工作的需要。西安远诺技术转移有限公司正在打造一个围绕技术转移领域供需对接相关的高校技术能力数据库，可方便技术需求方查阅各高校所蕴含的技术优势和各科研团队擅长的技术能力，以求实现供需精准匹配，方便技术经理人、技术需求方更加便捷地找到最适合特定技术需求的技术专家和技术方案。

3. 专家咨询

除了上述介绍的可供查阅的科技文献、数据库等可视化资料外，一项科技成果是否适合转化，其先进性、优劣势如何，应用到具体场景中是否存在适应性问题，还有一种快捷且可靠的信息获取方式——咨询行业专家。专家具备该技术行业的多年经验，对科技成果应用化过程中可能存在的问题认识较深，因此，技术信息的获取也可以采用专家咨询或者组织专家评审会的方式。

以上是较为常用的技术信息收集渠道，此外，还有很多可以辅助进行技术信息收集的渠道，如学术论坛、技术沙龙等交流活动。很多技术特点或者优劣势信息从公开的文献中很难找到，这些交流活动中通常会有来自专业研发人员或者行业内部人员的技术认知，如技术瓶颈、技术优劣势等，这些都有助于技术经理人从侧面了解科技成果的情况。

2.2.1.2 市场信息的收集渠道

在技术转移领域，市场信息是指一项科技成果在转移转化过程中涉及的产品情况、产业情况、竞争者情况、供应链情况、消费者情况等信息。这些信息都是直接影响该科技成果能否转移转化的至关重要的信息。常用的获取渠道分为四种：网络搜索引擎、官方网站、行业报告和专家咨询。

网络搜索引擎是当前技术经理人常用的市场信息获取渠道。在搜索网站中，通过关键词的键入可以查询到很多与科技成果相关的信息，例如，市场动态、竞争或合作企业动态、产品动态等。网络搜索引擎的数据具有一定的实时性，对于技术转移的数据支撑有很大帮助，但也为技术经理人带来极大的挑战，例如，数据是否完整、是否真实等都需要技术经理人结合从其他途径获取的信息进行综合判断。

官方网站也是获取市场信息的一个非常不错的渠道。例如，国家及地方的统计局、产业联盟、行业协会等官方网站可以帮助技术经理人快速获得官方数据，这些数据相比从网络搜索引擎拿到的数据要可靠和准确。同时，可以通过这些官方网站获得产业相关的政策信息。官方网站获取的这些信息具有较高的准确度，既对技术经理人获取市场信息具有极大的帮助，也是核实各类其他渠道获取信息的基础。但这类信息也有一个缺点，即有一定的滞后性，不利于技术经理人获取最新的市场信息。

行业报告是一些专业的投资机构或信息分析机构对各个行业进行的专业、

全面的分析报告。行业报告不仅包括该科技成果对应的行业信息、技术信息、政策信息等，还有对该行业的整体分析结论，是获取技术信息高效且直接的来源。行业报告具备完整性和系统性，数据的可靠性也非常高，对技术经理人来说是非常好用的信息来源。但是行业报告一般都是要支付费用的，价值越高，费用可能就越高，这无疑是限制技术经理人使用行业报告的最大问题。因此，对技术经理人而言，在该科技成果项目已经准备重点投入精力进行转移转化时，选择对应的行业报告无疑是最有价值的。但也要注意，选择行业报告时，尽量选择一些权威机构出具的报告，因为这些机构出具的报告无论是数据来源还是分析结论都更为准确和可靠。

专家咨询是获取市场信息的快速途径之一，因为行业专家时刻处于该行业中，通常会随时关注该行业的最新动态，所以通过专家咨询的方式能够获得该行业较准确且前沿的市场情况，其中很多信息都是行业内部信息，通过普通渠道通常难以获得。值得注意的是，专家咨询的信息准确度会受限于所咨询专家本身的信息获取能力与行业理解能力，通常也会带有一定的主观色彩。因此，准确的市场信息需要综合判断和提炼通过各方渠道获取的多方面信息，才能获得最终的结果。

2.2.1.3　持有人信息的收集渠道

前述部分已经对技术信息、市场信息这些较为显性的信息收集渠道进行简要介绍，接下来对持有人信息的收集渠道进行经验分享。众所周知，技术经理人想要转移转化一项科技成果，不仅要了解科技成果本身的情况，也要了解该成果可应用方向的情况，更要了解技术持有人的情况。经过长期的工作实践，技术持有人信息对转移转化一项科技成果起着至关重要的作用。常用的持有人信息包括持有人基本信息、性格特征和转化意愿。其中，持有人基本信息与上述介绍的这些显性信息的收集渠道类似，此处不再赘述。持有人性格特征和转化意愿的收集渠道从经验上来说，目前还没有太好的收集渠道，主要还是通过访谈或调研进行。

2.2.2　科技成果信息的收集方法

科技成果涉及的信息方方面面，准确掌握收集方法十分重要。针对上述介绍的各种信息渠道，目前从技术转移工作来看，收集方法无外乎调研、专利信息检索、网络搜索、第三方评价等方式。由于涉及内容较多，以下重点对科技成果调研、专利信息检索和第三方评价进行介绍。

2.2.2.1　科技成果调研

调研是指有针对性地与初步确定的目标对象进行交流以获取欲知悉的信息。调研是获得非表达性信息的最好途径，其中就包括针对科技成果的调研和针对技术持有人的调研。以下对调研前的准备、调研中需要注意的事项以及调研后的总结三个方面进行简要介绍。

1. 调研前的准备

首先，为更有效地与科技成果持有人进行沟通，在见面之前，技术经理人需要储备一些相关行业基础知识，尤其是与技术持有人密切相关的行业新动态，了解科技成果持有人的学术背景，这类信息并不难收集，均可通过网络搜索的方式完成。

其次，在面对面交流前，技术经理人应做好访谈提纲，设计好访谈的主题和核心问题。因为从访谈经验来看，这样的交流内容经常是发散性的，很可能由于科技成果持有人对某一技术问题的扩展，偏离访谈主题，其中信息量大，可能会使技术经理人雾里看花，晕头转向，当访谈结束后才发现主要内容没有谈及。建议调研之前准备好调研表，如表 2-1 所示，设置好需要咨询的问题，按照表格顺序依次提问，避免遗漏。

表 2-1 调研内容示例

调研表

填表人				日期	
一、科研人员基本资料（信息收集）					
科研人员	*姓名		*性别	出生年月	
	籍贯	职称		*联系方式	
	学历（学位）	毕业院校及专业		邮箱	
	*所属学校	*学院		学科	
近三年承担的项目简介					
专利成果列表（文本格式，包含编号）					
论文成果列表（文本格式，包含编号）					
技术领域	*一级分类			注明	
	*主要研究方向				
二、科研人员技术能力信息（当面沟通）					

注：表中＊表示必填项。

2. 调研中需要注意的事项

在调研伊始，一般要进行话题展开，这需要技术经理人根据实际场景进行设计，在调研过程中，则要根据调研核心内容进行适当引导，这对技术经理人的交流技巧提出了比较高的要求。从经验来看，需主要把握如下几点：

（1）提前沟通，直入主题。科技成果持有人一般为工科或者理科出身，长期的学术训练决定了大多科技成果持有人（技术持有人）喜欢直截了当地交流，同时他们一般比较繁忙，对此，技术经理人可提前告知访谈主要目的和核心内容，在调研开始时，就可以直入主题开始交流，这样不但可以提高调研效率，节省科技成果持有人的时间，还可以提升调研效果。

（2）认真聆听，尊重礼貌。科技成果持有人对自己的研究成果都比较满意，尤其是科技成果持有人如果是教师，相对比较擅长分享和喜欢分享，因此技术经理人调研时要以聆听和引导为主，铺垫和自说的内容不要太多，也不能刻板地进行提问，开始调研后需要认真聆听科技成果持有人的讲述，从中提取关键信息和关键问题。不同年龄段、不同性格的科技成果持有人特点不同，需要技术经理人随机应变。从访谈经验来看，最常遇到的问题有如下两个：一是因为前期做过行业基础知识的储备，技术经理人为了表现自己在某一技术问题上的看法以期实现和科技成果持有人形成共鸣，大谈自己对行业的认知，但由于观点和理解不够深入，经常适得其反，引起科技成果持有人的不悦；二是由于前期没有做好准备工作，技术经理人在访谈中跟不上科技成果持有人的交流节奏，经常出现跑神、神情呆滞的情况，尤其是当科技成果持有人突然反问的时候，不知道如何回答时表现出的尴尬，会让科技成果持有人瞬间失去继续交流的心情，这是最为麻烦的。

（3）合理引导，把握重点。在科技成果交流过程中，科技成果持有人一般会讲述该科技成果的灵感由来以及研究过程中的艰辛等，这都是一个比较好的信号，说明科技成果持有人已经进入访谈状态，但是也会使话题延展性太强，导致内容发散，综合信息量变大，因此，技术经理人需要合理引导。最为合适的引导方式就是在适当时机进行发问，例如，"您觉得这项技术的成熟度到了什么程度""您觉得市场转化方向应该主要围绕哪些领域""您觉得这项技术最大的优势是什么"，等等，当然，在某一具体问题中也可以继续深入询问，以便收集到自己想要的答案。从访谈经验来看，此阶段最常遇到的问题有：技术经理人被科技成果持有人讲述的内容带着走，从一个科技成果到另一个科技成果，科技成果持有人占了主导地位，当他反问技术经理人还有什么想了解的内容时，技术经理人往往是懵的，不知道自己想要问什么，显然这样的访谈是失败的。访谈非常考验技术经理人的沟通能力，建议技术经理人多学习一些沟通技巧方面的书籍，并在实践中不断训练。

（4）多次交流，增进信任。技术经理人如果觉得该项科技成果比较适合转移转化，准备重点推进，建议进行多次交流。从日常经验来看，一般有"三顾茅庐"的普遍现象，即第一次交流比较务虚，大家相互寒暄，非常客气，一般不会很深入，就是相互了解一些基本情况，科技成果持有人会把自己的成果作个概括性的介绍，技术经理人也会对自己所在的机构和自己擅长的转化方向作个简单介绍，交流结束后一般大家感觉都比较好。第二次交流就比较务实，会谈到很多关于成果及转化方向中比较详细的问题。科技成果持有人会谈及自己成果的详细参数和适用场景，技术经理人往往会基于前一次访谈收集的信息，对科技成果进行较为详细的询问。有时科技成果持有人也会提出一些比较直接的要求，例如，要求技术经理人提供自己原先成功的案例，或者尽快帮他找一个产业端的资源等。第三次交流就比较坦诚了，科技成果持有人也会更为认可技术经理人，当然前提是技术经理人已经为科技成果持有人提供了有价值的资源或者转化思路。当发展到科技成果持有人开始和技术经理人聊该科技成果存在的缺陷或者劣势的时候，这基本上标志着科技成果持有人对技术经理人已经非常信任。从访谈经验来看，最常遇到的问题有：技术经理人反复与科技成果持有人进行交流，但几次交流结束后，科技成果持有人发觉该技术经理人没有什么有效信息反馈给自己，开始有意回避，最终结果可想而知。因此，对多次交流的情形，建议技术经理人在下一次交流前结合上一次的交流情况，准备一些对科技成果持有人有价值的信息来加深交互过程。

3. 调研后的总结

在完成某次调研后，需要对调研的信息进行总结和判断，以便确定下一步的行动，因此，需要技术经理人及时总结调研纪要，提炼关键信息，设计转移转化路径。具体来说，可以大致从如下两个方面进行总结。

（1）对科技成果的总结。首先，技术经理人需要总结科技成果的技术背景，即什么样的背景下或者行业存在什么样的需求会促使科技成果持有人对这项技术进行研究，这样会方便技术经理人了解科技成果持有人的研究动因。其次，技术经理人需要详细总结科技成果所能解决的技术问题、所采用的技术方案以及采用这项技术方案后能达到的技术效果。这是该项科技成果的核心信息，也是表征一项科技成果最基本的内容。最后，技术经理人还需要从与科技成果持有人深入交流中总结该项科技成果的价值信息，用以判断一项科技成果的转化价值，包括技术成熟度、技术先进性、技术可替代性等信息。除此之外，技术经理人还需要对该科技成果已有的知识产权进行总结，与此相关的知识产权包括科技成果已经产生的专利、软件著作权、集成电路布图设计等。这些知识产权信息中，专利信息尤为重要。专利不仅记录了科技成果的全部技术内容，也说明了这项科技成果的权属关系。这对后期科技成果转化的形式和风险都具有重要意义。

（2）对科技成果持有人的总结。首先，技术经理人需要总结科技成果持有人团队的人员配置和科技成果持有人的学术背景等，这对后期该科技成果是否可以持续研发有一定的参考价值。其次，技术经理人需要总结科技成果持有人的转化意愿，即对该项科技成果的转移转化想法、转移转化思路以及转移转化的迫切度，这都是决定后期促成交易、协调交易问题的关键因素。最后，技术经理人需要总结科技成果持有人的性格特征等。对科技成果持有人性格特点的总结，相对比较主观，所以建议技术经理人尽可能地进行多次交流，防止因为场景和时机导致判断出现误差，影响信息的准确性。

2.2.2.2 专利信息检索

检索是指从庞大的信息数据库中寻找符合设定要求的目标信息。检索是获得可表达性信息的最好途径。承前所述，专利文献信息是科技成果转移转化中最为关键的成果信息之一，不仅是科技成果所包含的技术信息的有效载体，也蕴含发明人、权利人的相关信息。从庞大的专利数据库中能得到很多行业或者技术信息，对技术经理人了解科技成果的情况至关重要。因此，本小节重点介绍专利数据库、专利检索类型、构建专利检索式。

1. 专利数据库

专利数据库是以互联网或局域网为平台的大型专利信息服务系统，该系统通过对专利信息的深层次的价值收集、技术标注形成的智慧结晶和综合应用服务，帮助个人、企业、科研机构提升创新能力与核心竞争力，为企业技术研发、专利战略研究、科学决策提供强有力的支撑[5]。对于技术经理人来说，专利数据库最大的优势在于，该数据中的文本均是标准化的文本，数据查询相对比较直接，容易快速抓取想要获取的信息，但也有不足之处，就在于专利文献是法律性文本，读取过程相对比较困难，因此，需要技术经理人有一定的专利基础知识。

就某一篇具体的专利文献而言，从网上下载的一般是 pdf 格式，打开后，第一页为扉页，如图 2-4 所示，记载内容包括专利类型、专利申请号、专利申请日、专利申请人或专利权人等著录项目信息，同时也记录着专利文献的发明名称、摘要和摘要附图，内容比较全面，是初步了解该专利记载信息的主要页。

图 2-4　专利扉页示例

专利文献第二页为权利要求书，如图 2-5 所示，权利要求书主要记载这篇专利的权利保护范围、技术创新点，一般有多条权利要求，用阿拉伯数字进行编号。权利限定的范围以独立权利要求为准，如标号为 1 的权利要求。

CN 110597787 B　　　　　　　　权 利 要 求 书　　　　　　　　1/3 页

1.一种元件库的创建方法,其特征在于,包括:

建立现有标准库;

将待创建元件的物料编码与所述现有标准库中元件的物料编码进行第一匹配处理得到第一匹配结果,并根据第一匹配结果判断是否对所述待创建元件进行第二匹配处理;

若进行所述第二匹配处理,则将所述待创建元件的封装名与所述现有标准库中元件的封装名进行第二匹配处理得到第二匹配结果,并根据第二匹配结果判断是否对所述待创建元件进行第三匹配处理;

若进行所述第三匹配处理,则将所述待创建元件的参数数据与所述现有标准库中元件的参数数据进行搜索匹配得到第三匹配结果,并根据所述第三匹配结果判断是否对所述待创建元件进行碰撞处理,所述参数数据包括所述待创建元件的引脚数、引脚间距及长度和宽度;

若进行所述碰撞处理,则将经所述第三匹配处理筛选出的所述现有标准库中元件的角度变换图形对应的引脚与所述待创建元件的焊盘图形进行碰撞处理得到碰撞结果,根据所述碰撞结果更新所述现有标准库,其中,所述角度变换图形是通过将现有标准库中经第三匹配处理筛选出的元件对应的图形进行角度变换之后得到的图,所述碰撞处理是指将待创建元件的焊盘与现有标准库中元件的角度变换图形对应的引脚位置进行匹配。

2.根据权利要求1所述的元件库的创建方法,其特征在于,将所述待创建元件的物料编码与所述现有标准库中元件的物料编码进行第一匹配处理得到第一匹配结果,并根据第一匹配结果判断是否对所述待创建元件进行第二匹配处理,包括:

获得所述待创建元件的物料编码;

按照预设条件判断所述待创建元件的物料编码与所述现有标准库中元件的物料编码

图2-5　权利要求书示例

权利要求书之后就是说明书（如图2-6所示）和说明书附图（如图2-7所示），详细记载了这篇专利文献的技术内容，包括技术背景（格式内容：背景技术）、所要解决的技术问题（格式内容：背景技术）、采用的技术方案（格式内容：发明或实用新型内容、具体实施方式、说明书附图）。

CN 110597787 B　　　　　说 明 书　　　　　1/13 页

元件库的创建方法、创建装置、电子设备及存储介质

技术领域

[0001]　本发明属于SMT贴装技术领域,具体涉及一种元件库的创建方法、创建装置、电子设备及存储介质。

背景技术

[0002]　SMT就是表面组装技术(Surface Mounted Technology)的缩写,是目前电子组装行业里最流行的一种技术和工艺,目前行业内的SMT贴片机设备有不下十种,比如日本富士、香港ASM Siplace、日本松下、日本JUKI、韩国三星、美国环球等供应商生产的SMT贴片机设备,设备供应商一般都配置有设备驱动系统和配套的编程软件,一般用来控制SMT贴片机的设备驱动系统需要的数据可以分为两个部分:1.PCB板的坐标数据和2.元件资料数据,这两个部分都是不可少的,并且每个供应商都有各自的数据标准,在实际应用中PCB板的坐标数据的处理约占30%左右,元件资料数据的处理则占70%左右,因此元件资料数据的创建十分重要。

[0003]　目前,传统的创建元件资料数据的方式是手工创建,例如:根据工程图纸或者实物测量来创建元件资料数据;或者根据BOM(Bill of Material,物料清单)表查找出对应的元件信息并从现有库中复制相关数据来创建元件资料信息。

[0004]　但是,传统的创建元件资料数据的创建方式有以下缺点:首先手工创建元件资料数据,对于工作人员的要求比较高,需要丰富的经验;另外,手工创建效率低,且容易受到工作人员的主观因素影响,创建时出错率高。

发明内容

[0005]　为了解决现有技术中存在的上述问题,本发明提供了一种元件库的创建方法、创建装置、电子设备及存储介质。本发明要解决的技术问题通过以下技术方案实现:

图2-6　说明书示例

CN 110597787 B　　　　　说 明 书 附 图　　　　　4/6 页

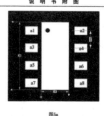

图5a

图5b

图2-7　说明书附图示例

讲解完专利文献的基本构成和内容后，再为技术经理人介绍几个免费的专

利数据库。目前，很多国家（地区）的专利数据库都有免费的版本，以下介绍
几个国家（地区）的官方免费的专利数据库，供技术经理人查阅：

（1）中国国家知识产权局专利检索及分析网站：https://pss-system.cponline.
cnipa.gov.cn/conventionalSearch.

（2）欧洲专利局专利数据库网站：https://worldwide.espacenet.com/?locale=en_EP.

（3）美国专利商标局网站：http://www.uspto.gov/.

（4）日本特许厅网站：http://www.jpo.go.jp/index_e/patents.html.

（5）法国专利数据库：http://www.inpi.fr/brevet/html/rechdrev.html.

在这里，着重介绍一下中国国家知识产权局专利检索及分析网站，点开链
接后，进入的界面如图 2-8 所示：

图 2-8　常规检索示例

如果想要使用该检索功能，需要在网站先注册一个账号，完成账号注册
后才能进入常规检索界面进行操作。技术经理人可以通过检索栏进行检索。目
前，该专利数据库涵盖了多个国家及地区的专利数据，分为常规检索、高级检
索、命令行检索、药物检索等功能，能够满足技术经理人日常的检索需要。图
2-8 展示的是常规检索，在图中检索栏中输入关键词或者专利相关编号即可获
得一组或者一篇自己想要的专利文献。

图 2-9 展示的是高级检索，高级检索主要是为了更精确地检索需要的专利

文献。可以通过申请号、发明名称、申请人、摘要等关键信息同时进行检索和筛选。同时，高级检索也提供了检索式进行直接检索，检索式检索方式主要是为有经验的检索人员提供各种逻辑关系，以便快速定位到需要检索的专利文献。

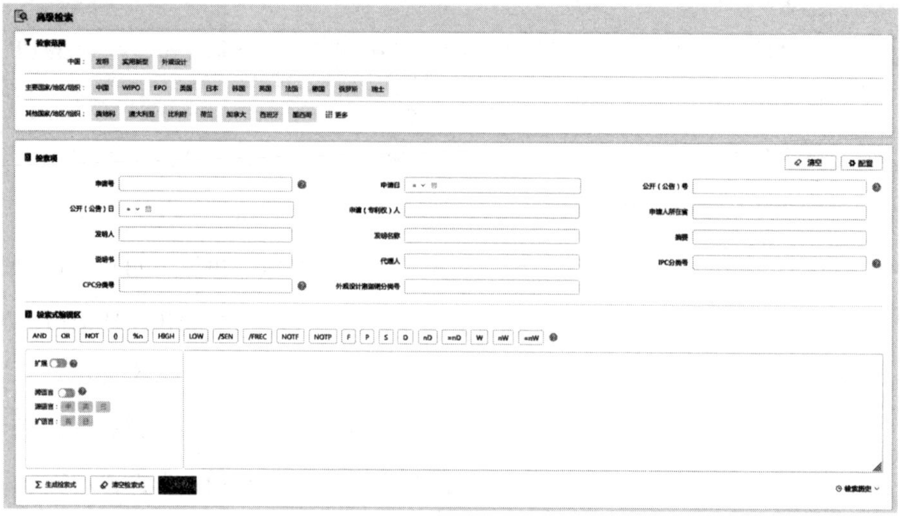

图 2-9　高级检索示例

2. 专利检索类型

介绍完专利数据库的相关内容后，我们再对专利检索类型进行简单介绍，方便技术经理人在数据库中进行检索。在进行检索之前，需要确定检索的目的，对技术经理人而言，主要是以科技成果转化为目的，而由此检索目的出发，常见的专利信息检索类型为科技成果新创性检索、科技成果风险性检索、技术需求方检索等。

科技成果新创性检索是指技术经理人在接触某一项科技成果后，通过专利数据的检索，来获知该项科技成果的新颖性和创新性，如果检索到该科技成果持有人已经申请过对应的专利且已经授权，则可以初步认知该科技成果具备新颖性和创新性。如果未检索到该科技成果持有人对应的授权专利，则需要根据检索到与该科技成果相关的其他专利文献，判断该科技成果是否具有新颖性和创新性。如果技术经理人具备较深厚的知识产权知识，则可以进一步剖析权利的稳定性和权利保护范围的价值。

科技成果风险性检索是指技术经理人在对科技成果进行深入分析时，判断该科技成果涉及的知识产权的权属情况及潜在风险因素，例如，当发现有与该科技成果相关的知识产权的权利人为其他第三方时，需要着重分析是否存在侵权风险，防范科技成果在转移转化后，吸纳该科技成果的主体在实施该科技成果时遭受知识产权诉讼。

技术需求方检索是指技术经理人基于待转移转化的科技成果，利用检索手段寻找有需求的产业方的行为，例如，某一科技成果不能作为核心技术形成某一产品，但可以应用于某一类现有产品用于提升其性能，此时就可以通过专利检索的方式找到潜在的技术需求方。

上述列举的专利检索类型仅是最为常用的和最基础的类型，其他常用的检索类型此处不再介绍，待后期进阶教材中再行深入探讨。

3. 构建专利检索式

在明确检索目的后，技术经理人就需要构建检索式在选定的数据库进行检索，在构建检索式之前，还需要简要说明一下检索入口、检索式的概念。以高级检索为例，如图 2-9 所示，在登录检索数据库后，进入高级检索的界面，里面设有许多栏位，如申请号、公开（公告）号、发明名称、申请（专利权）人、摘要、说明书、发明人等，这些检索栏位就是检索入口，技术经理人在进行检索时选择一个或者多个栏位填写关键词进行检索，就可以从数据库中精确检索到想要的一组专利文献数据。

检索式通常包括检索词和逻辑运算符两部分。常用的逻辑运算符包括：

与（and）——用于检索词之间的相交关系运算；

或（or）——用于建立检索词之间的相并关系；

非（not）——用于在某一集合中排除含有某一检索词的记录。

检索词与关键词基本上是一个概念，不同的是，检索词是经过关键词扩展出来的，在检索时一个关键词可以扩展出很多检索词，再将检索词键入检索入口就可以更加精准地获得想要的专利文献数据。关键词扩展成检索词的方式多为同义词扩展、反义词扩展、上位扩展和下位扩展等。例如，技术经理人想要检索与

"显示器"相关的专利文献,那就可以把显示器作为关键词进行扩展形成检索词,同义词扩展后可以形成"显示屏"等检索词,上位扩展可以形成"显示装置""显示模块"等检索词,下位扩展可以形成"LED 屏""OLED 屏""LCD 屏"等检索词,这样一来,一个关键词"显示器"在检索时形成的检索词至少就有"显示屏""显示装置""显示模块""LED 屏""OLED 屏""LCD 屏"。

由检索词和逻辑运算符构成的检索式,例如:

(检索词 1 or 检索词 2)and(检索词 3 or 检索词 4)。

举个具体的例子,假设技术经理人为了实现科技成果风险性检索,想要找到与预转移转化"关于氢储能设备的检测阀门"方面的科技成果最为接近的其他专利文献,技术经理人在选择检索入口和构建检索式时,可以首先选择在"摘要"这个检索入口置入检索式,因为摘要这一栏位蕴含了最为精炼的技术内容,适合精准地找到与该科技成果最为接近的某一组专利文献。之后在构建检索式时,将"氢储能"和"阀"作为关键词,此处为了重点讲述检索式,就不进行检索词扩展了,直接将"氢储能"和"阀"设置为检索词,并选择逻辑运算符"and",形成检索式为:摘要 =(氢储能 and 阀),表示在所有中文专利文献的"摘要"处同时出现"氢储能"和"阀"这两个词的专利文献。点击检索后,出现 14 条数据,代表找到了与此相关的 14 篇专利文献,技术经理人就可以着重查看这 14 篇专利文献,来初步判断与自己想要转移转化的科技成果是否相关且是否存在潜在的侵权风险。当然,这种简单检索还不能保证查全率和查准率,实际操作中,一般需要多次变换检索式进行检索后才能在一定程度上保证查全率和查准率。检索和数据分析是一个技术活,技术经理人团队在实际作业中最好配置或者培养一名具备检索能力的成员,这样会大幅提高作业效率。

2.2.2.3　第三方评价

第三方评价是指通过科技成果持有方和技术需求方之外的第三人对科技成果的价值或价格进行评定。这种方法一般是通过专业的技术评价或评估机构完成,出具的文本形式通常为无形资产评估报告、科技成果评价报告等。

无形资产评估报告一般是针对科技成果已有的无形资产,如专利、软件著作权、集成电路布图设计以及技术秘密等，进行科学化的评估形成的文本，一般采用成本法、收益法或者市场法等评估模型进行评估，能够给出关于该科技成果可参考的评估金额。从目前实践经验来看，由于评估模型不能完全适用于对科技成果资产价值的评估，当前比较适合作为对高校、科研院所等与国有资产相关的科技成果评估的参考依据。

科技成果评价报告一般是针对科技成果本身进行的，通过对科技成果资料的汇总形成项目介绍，再采用由技术专家、行业专家、法律专家等组成的专家组以会评的形式给出的一个较为主观的判断性的结论而综合形成报告文本。与无形资产评估报告相比，科技成果评价报告给出的结论是定性的，从目前的实践经验来看，这种方式对科技成果的判断相对而言更有价值，但最大的缺陷就是周期长，建议较为重要的科技成果采用该种形式。

另外，需要补充的是，目前对科技成果价值的评估，包括第三方评价等各类评估方法，都存在一定的不准确性，主要原因在于：科技成果属于技术型无形资产，在特性上技术型无形资产延续了技术本身的特性，即时效性。随着技术、知识的更新，时间的推移，新技术不断被研发出来，科技成果这类技术型无形资产的价值会不断发生变化，当新技术能够完全被应用时，原有技术的价值就开始出现雪崩式下降。时效性给评估或评价的科学性带来极大的挑战。更有甚者，有很多无形资产还没来得及投入市场便已经被市场淘汰。因此，对于技术经理人而言，在时效窗口期内进行转移转化才能实现价值最大化。

2.3　科技成果信息的鉴别与分析

2.3.1　科技成果信息的鉴别

技术转移转化过程中，获取到的科技成果信息来源各不相同，内容也千差万别，很多信息并不是准确、可靠且有用的，需要技术经理人对获得的信息进行鉴别。同时，因为供给方或者需求方出于各自利益的考虑，部分信息也是披露不全的，如何获得这些隐性信息也是技术经理人需要考虑的问题之一。对于科技成果信息的鉴别，从笔者团队工作经验来看，包括如下几点：

其一，注意科技成果优劣势的鉴别。技术的优劣势对成果转化的顺利进行起着直接的作用，在某种情况下，技术供给方很可能为自己利益着想，会夸大科技成果的优势或者隐瞒科技成果的缺陷。这时技术经理人和技术需求方就需要通过其他途径去判断该科技成果的优劣势，"兼听则明，偏信则暗"，技术经理人可以通过前述各类信息收集的方法进行综合判断。

其二，注意科技成果完整性的鉴别。科技成果的实施除了需要完整的技术方案，还需要技术供给方的经验支持。这些存在于技术供给方头脑中的有关科技成果的思考、设计过程，以及实施过程需要的技巧和技能性经验知识，通过普通的信息获取渠道是无法获得的，需要技术经理人对科技成果实施条件进行经验判断，及时、准确地和技术供给方进行沟通，从而清楚了解科技成果实施需要的配套条件。

其三，注意科技成果权属性的鉴别。技术供给方拥有的科技成果的知识产权情况需要仔细核实，特别是专利权情况是否与供给方提供的信息一致，例如，技术供给方是否可独立行使该专利权，与该科技成果相关的专利权是否都属于技术供给方，技术供给方针对专利权是否正在进行相关的专利许可活动，该专利权有无质押或者其他特定的约束专利权使用的在先条款。这些都会给后期的转移转化带来风险，需要在转移转化前进行鉴别。

2.3.2　科技成果信息的分析

获取具体的科技成果信息并不是最终目的，技术经理人需要将获取的科技成果信息进行更深入的分析，从而转换为技术转移需要的情报信息，最终服务于技术转移转化的实际工作。技术转移过程中，最常分析的科技成果信息包括三类：技术信息、供给方信息、知识产权信息。

2.3.2.1 技术信息的分析

技术信息是与科技成果本身及其所在行业相关的情报信息，包括：科技成果所在产业的分析、科技成果的应用前景、技术成熟度、技术的先进性、配套技术的依存度等。这里重点介绍科技成果的应用前景、技术的先进性、配套技术的依存度这三项内容，关于科技成果所在产业的分析、科技成果的技术成熟度等内容将在本书第 3.4 节中详述，此处不再赘述。

1. 科技成果的应用前景

科技成果的应用前景是指一项科技成果转化后具体能应用到哪些行业，并且解决了这个行业的哪类问题。一项科技成果转化后能应用的方向可能很多，可能会跨越很多行业，如人工智能技术、新能源技术等，涉及应用的行业领域也会很多。因此，技术经理人在拿到一项科技成果后，需要判断科技成果可以应用到哪些行业，是单应用场景还是多应用场景，是解决特定技术问题还是解决普适性技术问题。如图 2-10 所示，具体可分为四个类型：

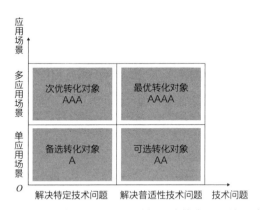

图 2-10 科技成果应用场景与解决技术问题的矩阵

（1）单应用场景且解决特定技术问题。如果该项科技成果解决的是单个行业的特定技术问题，这类科技成果通常为应用类的科技成果，不属于基础创新，多半是在基础创新的基础上结合特定领域的应用场景形成的科技成果，解决的问题也属于特定问题，不具有普适性，此类科技成果对于技术经理人而言是很有挑战性的。承接该科技成果的技术经理人必须具备对该行业的深入认知，并有比较好的产业资源，否则转移转化该科技成果的难度相对较大，即便是该科技成果的产业化能力较强且转化应用到产品上的成本具有较大的优势，也会相对困难。例如，名称为"应用于老油井改造用的聚合物冻胶堵剂"的科技成果，技术经理人与科技成果持有人交流后确定，应用场景仅限于老油井，且该聚合物冻胶堵剂是专门针对老油井的特定应用环境设置的，因此属于单应用场景且解决特定技术问题的科技成果，这类科技成果通常会作为技术经理人备选的转化对象。

（2）单应用场景但解决普适性技术问题。与上一类科技成果类似，这类成果也是单个应用场景，但该类科技成果所使用的技术具有一定的普适性，即使离开这类应用场景，经过再次研发还可以适用于其他类型的应用场景。因此，此类科技成果需要技术经理人进行技术剖析和场景规划，如果转化的应用场景与该科技成果已有的应用场景比较契合，那是最好不过的了，但如果并不契合，就需要针对该科技成果进行深入的技术剖析并对延伸可应用的场景进行规划，方便进行二次开发后再行转化。例如，名称为"基于人工智能的智慧油田系统"的科技成果，技术经理人与科技成果持有人交流后确定，目前只能应用于油田系统，但使用的技术是人工智能技术，具备很好的拓展性，如果需要再开发其他应用场景，科技成果持有人表示只要了解需求方的诉求后就可再行开发，因此属于单应用场景但解决普适性技术问题的科技成果，这类科技成果通常会作为技术经理人可选的转化对象。

（3）多应用场景但解决特定技术问题。该类科技成果具备多个应用场景，但其科技成果的形成只能解决特定的技术问题，该类科技成果一般是在不断接触各类场景形成的科技成果，与产业链接触较多，可能已经在产业端进行了应用，有了一定的应用基础。这类科技成果对于技术经理人来说是比较好的转化对象，不需要针对科技成果的技术进行深入剖析，更多地需要对其应用场景进行了解，有针对性地进行推广即可。例如，名称为"喷油嘴的耐磨设计技术"

的科技成果，技术经理人与科技成果持有人交流后确定，技术就是针对喷油嘴的结构和材料进行优化设计，使其具备耐磨属性，但是由于针对喷油嘴的结构做了很多处的改进设计，再搭配上材料的选择，形成了这一耐磨属性，对于其他元件或者设备就需要重新研究和设计，因此仅能解决喷油嘴的耐磨性，属于解决特定技术问题的科技成果，但该喷油嘴应用较为广泛，既可以应用于汽车、摩托车等行业的发动机，也可以应用于火箭、游轮等行业的发动机。因此，属于多应用场景但解决特定技术问题的科技成果，这类科技成果通常会作为技术经理人次优转化对象。

（4）多应用场景且解决普适性技术问题。该类科技成果既具备多个应用场景，也能解决普适性技术问题，它的技术成熟度也普遍较高，可能已经在部分应用场景有了实际应用。例如，名称为"新型压电材料"的科技成果，技术经理人与科技成果持有人交流后了解到，该科技成果持有人通过对材料的组分研究，把材料重新配比，形成了新的压电材料，该材料具备非常好的压电特性。对该材料进行特性分析后发现它可以应用于多个场景，并已在部分应用场景进行了应用，效果明显。该科技成果非常适合技术经理人进行转化，技术经理人可在分析其性能和成本的基础上，在多个应用场景中选择自己擅长的应用领域进行转化。因此，属于多应用场景且解决普适性技术问题的科技成果，这类科技成果通常作为技术经理人最优转化对象。

最后，想要确定科技成果应用前景，技术经理人既可以通过与科技成果持有人调研沟通获取信息，也可以通过网络数据、技术报告等多种途径获取信息。

2. 技术的先进性

技术的先进性是科技成果能够产业化的重要条件，试想，一项科技成果如果比市场上大部分技术都落后，那么企业和市场能接受和采用该技术的可能性就很小。即使它能节省一定的成本，但是从社会发展的长远角度来看，这种技术早晚会被淘汰。因此，技术的先进性是技术经理人分析一项科技成果最基本的内容。

如何获取技术先进性的相关信息，从目前经验来说，可以采用如下方式：首先，需要和科技成果持有人进行初步沟通，获得基础信息；其次，需要参考专利文献等信息并结合专家评审意见，完成对科技成果的技术先进性的评价，以便为后期科技成果的转移转化打好基础。

3. 配套技术的依存度

配套技术的依存度主要考察科技成果的产业化配套情况，从目前经验来看，需要技术经理人对以下两个方面进行考察：一是科技成果产业化所需要的配套技术，如工艺、设备、上下游技术是否发展成熟，该科技成果能否顺利产业化；二是科技成果在转化为产品的过程中是否会使用其他权利人的专利技术，避免产品投放到市场后发生知识产权纠纷事件。

对于一项具体的科技成果，技术经理人首先需要分析其产品原型，即科技成果按照转化方向可形成的产品原型，然后逐一对不同的产品原型按照不同模块或者按照不同功能进行分解，最后再逐一针对不同模块或者不同功能进行配套技术依存度排查。需要强调的是，在排查过程中，技术经理人需要采用专利信息分析手段，分析该模块的技术是否使用其他专利技术，如果有，就需要在前期做好规避设计。

2.3.2.2 供给方信息的分析

供给方信息是指对技术转移转化有价值的科技成果持有人及团队的相关信息，一般是通过技术经理人综合判断来确定的。供给方信息主要包括科技成果持有人对技术转移转化的迫切度、科技成果持有人的性格特点以及科技成果持有人团队的技术能力等。

供给方信息是后期科技成果转移转化取得成功的必要条件。获取和判断这一信息是技术经理人必须具备的一项能力，需要在实践中不断磨炼。技术转移转化的迫切性，是通过技术经理人在与科技成果持有人深入沟通和对接的表现来进行判断的。如果科技成果持有人对成果转化持有非常强烈的意愿，积极配合技术经理人和需求方进行对接，那么科技成果转化的可能性就会大大提高；

相反，再好的科技成果，如果科技成果持有人对成果转化信心不足或者兴趣不大，那么对成果成功转化必然形成较大阻碍。

2.3.2.3 知识产权信息的分析

众所周知，知识产权信息对科技成果转移转化也是不可或缺的部分。技术经理人可以通过前文介绍的获取手段，获取与科技成果相关的知识产权信息。此处的知识产权信息包括三类：一是该科技成果已形成的知识产权信息，二是该科技成果可以获得的但未申请的知识产权信息，三是与该科技成果相关并会影响转化的他人的知识产权信息。

对于第一类已形成的知识产权信息，需要重点分析哪些知识产权与该科技成果的转化直接相关、哪些间接相关、哪些不相关，从而确定哪些知识产权作为成果转化的重点知识产权。

对于第二类未申请的知识产权信息，需要重点分析科技成果包括哪些重要的技术点没有申请知识产权，是通过技术秘密进行保护还是通过申请专利等形式进行保护，避免被他人抢先申请，也避免过多的公开技术信息等。

对于第三类他人的知识产权信息，确定知识产权权利人是谁，是否有诉讼的可能性，同时研究在转化过程中是否有规避的可能性等。

2.4 科技成果信息的存储与应用

对科技成果收集、分析后所获得的成果信息作为一种宝贵资源，需要妥善存储，以备应用。众所周知，利用信息技术可以更为高效地存储和处理获得的这些科技成果信息。专业的技术转移机构会建立自己的成果信息数据库，将所有收集到的成果信息以数据形式存储在数据库中。建立成果信息数据库时，技术经理人需要按照一定的类型对成果信息进行标准化存储。例如，成果的基本信息，包括成果持有人基础信息、科技成果基础信息等。此外，科技成果持有人提供的一些关于成果相关的介绍资料，都可以存储到成果信息数据库中。数据库还可以记录技术经理人根据经验对每个科技成果的相关分析结论，如技术先进性、技术可替代性、行业情况等。

数据库中的成果需要按照一定的规则进行分类存储，合理的设计成果信息的分类可以更加方便技术经理人后期对科技成果进行检索。例如，可以按照行业、科技成果持有人机构、科技成果持有人等进行分类。同时，对科技成果可能的转化方式也需要进行区分，例如，哪些科技成果更适合与企业进行技术需求对接，哪些科技成果更适合技术持有人自行创业转化，这些都需要技术经理人在实际使用中加以标准化并存储到数据库中。

另外，科技成果信息的存储与应用不仅包括上述转移转化前的成果信息，还包括转移转化过程中的信息。成果转化是一个长期的过程，从前期的调研到中期的供需双方匹配，再到后期的产业化过程，通常需要数月或者数年，对任何一个科技成果来说，负责成果转化的技术经理人很可能因为各种因素发生变化，该科技成果的前期工作和相关成果信息就需要从原来的技术经理人更换到新的技术经理人，如果没有完整的前期记录，这部分工作就会非常困难，成果信息的收集就会面临重新开始的困境。同时，因为不同的研发阶段，技术发展情况、市场情况、政策环境不同，成果信息会随时发生改变。此外，因为技术转移成功概率往往不高，这就需要技术经理人或者技术转移机构不断总结失败教训和成功经验，作为后期进行技术转移工作的依据。上述原因都决定了，技术经理人为了准确获得成果信息，及时获取对接经验，需要实时跟踪科技成果的不同变化，做好成果持有人的长期沟通工作，及时更新科技成果信息，及时总结和科技成果信息相关的业务经验。

目前，常用的科技成果信息存储与应用工具就是技术转移平台，技术转移平台通常会记录成果转化各重要节点的相关信息和成果转化的进程，并且会将信息实时共享给成果转化的各相关方。技术转移平台会获取大量科技成果信息和技术需求信息，并将科技成果信息与技术需求信息进行一定的展示，技术经理人可以通过技术转移平台获取科技成果相关的部分信息，再根据获取的信息选择进行线下或者线上的对接工作。部分技术转移平台还具备成果价值评估和供需匹配功能，其中，成果价值评估功能可以通过对科技成果的行业信息、技术信息、团队信息等信息设计一定的成果信息价值评估体系，从而进行综合评定和分析，最终给出一个定性或者定量的评估结果。成果价值评估功能可以协助技术经理人更好地判断成果信息的准确度和价值度。供需匹配功能是指通过科技成果信息智能匹配到平台相关的技术需求方，为技术经理人准确和高效地找到科技成果对应的技术需求方提供良好助力。同时，技术经理人和成果转化相关方也可以通过技术转移平台随时掌握成果转化的进程信息，为下一步的转化工作提供支撑。技术转移平台在提升科技成果展示效果、促进信息资源共享和流通、提高供需对接效率等方面都发挥了重要作用，相信随着信息技术的发展，技术转移平台会越来越智能和高效。

第3章 技术商业化应用分析

夫未战而庙算胜者，得算多也；未战而庙算不胜者，得算少也。多算胜，少算不胜，而况于无算乎！吾以此观之，胜负见矣。

——孙武《孙子兵法·计篇》

前面论述了信息获取，并在其中简单介绍了科技成果信息的分析，接下来，我们需要正视技术转移中的两个重要问题：面对获取的众多科技成果，哪些科技成果具有转化价值？该优先转化哪个？

3.1 技术商业化应用分析的目的与作用

3.1.1 技术商业化应用分析的目的

当前的技术转移工作存在以下两点不足。第一，由于科技成果的创新性，传统的技术评估方法具有很大的困难，因为新技术在产业化的过程中，最主要的特点就是技术本身的不确定性和面对的市场应用的不确定性，不确定性因素导致很难通过定量的财务方式对新技术产业化加以预测，所以常规的技术评估很难确定技术落地实施方向以及商业化前景，由此产生一系列问题，例如，企业利用新技术的产品是否可以满足市场的核心诉求？新技术的应用领域是否具有更好的商业化价值？新技术会给现有产业带来产业增强还是产业颠覆？这些未知的问题都给新兴技术商业化评价带来很大的挑战。对未转化成产品的新技术，在产品应用上本身就具有不确定性，如果采用传统的技术评价方法，以技术类推方法来估算技术商业化后的效益，太过主观，因为新兴技术尚未投入市场，几乎没有任何直接的数据可用，而新兴技术对产业兼具延续性或破坏性，即对现有产业带来产业增强或产业替代，这就导致用历史数据来类推明显缺乏可信性和科学性，所以不能用新产品净现值、投资回报期等传统经济指标来评价新技术商业化。[6]

　　第二，很多技术经理人在拿到高校披露的科研项目后，首先想到的是是否有自己熟悉的产业资源做对接，从某种意义上来说，这样的技术转化方式更像传统技术经纪人做的居间工作，并且很难成为一个有效的技术经理人机构的业务。这种方式的技术转移工作有三个弊端：（1）依靠个人资源进行的业务体系无法为技术转移机构搭建常态化的技术转移业务体系，以支撑技术转移机构的后续发展；（2）高校的核心优势在于基础科研，而企业需要的是产品研发，基础科研和产品研发有本质的区别，这点会在后文中详细阐述，所以直接对接成功的概率极低；（3）即使最终对接成功，也很容易因为技术经理人在整个业务环节的工作并不突出而被跳单。

　　进行技术商业化应用分析的目的就在于：促使技术经理人摆脱传统技术评估方法的桎梏；帮助技术经理人、技术转移机构搭建更为完善的技术转移业务体系。通过技术商业化应用分析，技术经理人能初步回答：该技术是否有好的产业应用，对产业来说是产业增强还是产业颠覆，如何设计一项技术的转移路径。

3.1.2 技术商业化应用分析的作用与方法

技术商业化应用分析主要具有以下作用：

第一，对技术经理人与技术转移机构而言，随着科学技术的飞速发展，新兴技术层出不穷，哪些技术更具有商业化的可能性，或者说技术应用的机会在哪里，是技术经理人在帮助高校、科研院所科技成果转化过程中的一项重要的工作。

第二，对企业而言，新兴技术既是机遇，也是挑战，掌握新兴技术的企业，能够拥有强大的竞争优势，而行动缓慢的企业，则肯定会在竞争中失去先机。通过技术商业化应用分析识别并有效应对新兴技术，对企业具有重要的战略意义。

第三，对高校科研团队而言，了解技术商业化应用的方法，有助于高校科研团队更好地理解"需求拉动"所带来的潜在的商业价值，为科研团队在研发方向上提供更多更好的思路。

因此，技术商业化应用分析对技术经理人及技术转移机构、企业、高校科研团队三方而言具有重要的意义。由于技术是一种未实现商业价值的无形资产，技术本身无法带来颠覆式创新，而只有技术与产品、市场、资源、组织等要素的组合进化，才可能带来产业提升，科技成果的经济价值才能具体实现。如果没有任何历史数据可用，那么就会给使用传统方法评价新兴技术的商业化潜力带来一定的困难。

国外学者对新兴技术商业化潜力的评价主要采用技术未来分析方法，包括：趋势外推法、文献计量法、专利分析法、德尔菲法、头脑风暴法、访谈法、情景分析法、技术路线图法、利益相关者分析法、类比法、技术发展包络法（TDE）、层次分析法（AHP）等，[7]如表3-1所示。

表 3-1　技术未来分析的常用方法

序号	分析方法	简述
1	趋势外推法	又称趋势延伸法，根据预测变量的历史时间序列揭示的变动趋势外推将来，以确定预测值的一种预测方法
2	文献计量法	引文分析，需要相应的文献库，客观且定量
3	专利分析法	对专利说明书、专利公报中大量零碎的专利信息进行分析、加工、组合，并利用统计学方法和技巧使这些信息转化为具有总揽全局及预测功能的竞争情报，从而为企业的技术、产品及服务开发中的决策提供参考
4	德尔菲法	也称专家调查法，本质上是一种反馈匿名函询法，大致流程是在对所要预测的问题征得专家的意见之后，进行整理、归纳、统计，再匿名反馈给各专家，再次征求意见，再集中，再反馈，直至得到一致的意见
5	头脑风暴法	由价值工作小组人员在正常融洽和不受任何限制的气氛中以会议形式进行讨论、座谈，打破常规，积极思考，畅所欲言，充分发表看法
6	访谈法	又称晤谈法，是指通过访员和受访人面对面地交谈来了解技术与产业的基本研究方法
7	情景分析法	又称脚本法或者前景描述法，是假定某种现象或某种趋势将持续到未来的前提下，对预测对象可能出现的情况或引起的后果作出预测的方法。通常用来对预测对象的未来发展作出种种设想或预计，是一种直观的定性预测方法
8	技术路线图法	技术路线图是特定领域愿景的未来延伸。该愿景集合了社会集体智慧和领域领袖的看法，是特定领域发展方向的地图
9	利益相关者分析法	它认为随着时代的发展，技术所有者地位呈逐渐弱化的趋势
10	类比法	将未知或不确定的对象与已知的对象进行归类比较，进而对未知或不确定对象提出猜测
11	技术发展包络法	说明技术系统与系统内部各代技术之间的关系，描述技术系统的技术性能变化的曲线
12	同行评价法	由同行专家对项目进行质量水平的评价
13	层次分析法	将复杂问题简单化，简洁、实用
14	财务分析法	要求贴现率不变，对短期项目容易预测，对长期项目难以预测
15	成本收益法	以项目投资为基础，以收益为对比，以经济指标为主
16	综合集成评价	多方法组合，定量定性，成本高、时间长

资料来源： 1. 王磊，董颖，白晶 .P2P 技术专利分布趋势分析 [J]. 情报科学，2014（1）：80-84.

　　2. 刘继青 . 面向区域可持续发展的技术转移模式遴选研究 [D]. 北京：北京工业大学，2014：10-11.

3.2　技术商业化概述

3.2.1　技术是什么

技术经理人在从业过程中从一开始就要了解技术的一些基本概念和规律。技术遵循本身的循环规律，即技术总是进行这样的循环，为解决老问题去采用新技术，新技术又引起新问题，新问题的解决又要诉诸更新的技术。布莱恩·阿瑟的《技术的本质》一书是自熊彼特以来关于技术与经济的最重要的一本书。布莱恩·阿瑟在书中论述了"技术是什么，以及它是如何进化的"。布莱恩·阿瑟基于三个基本原理逐级地构建了他的关于"技术是什么"的理论：首先，技术（所有的技术）都是某种组合，这意味着任何具体技术都是由当下的部件、集成件或系统组件构建或组合而成的；其次，技术的每个组件自身也是缩微的技术；最后，所有的技术都会利用或开发某种（通常是几种）效应或现象。技术的"进化"遵循两种方式：一种方式是技术的组合进化。技术的组合进化是之前的技术形式被作为现有原创技术的组分，当代的新技术成为构建更新的技术的可能组分。其中的部分技术将继续变成那些尚未实现的新技术的可能的构件。慢慢地，最初很简单的技术发展出越来越多的技术形式，而很复杂的技术往往用很简单的技术作为其组分。所有技术的集合自力更生地从无到有，从简单到复杂地成长起来。我们可以说技术自身创生了自身。[8]另一种方式是捕捉现象。持续发现新的自然现象，并有目的地进行驾驭。

关于技术的进化和创新，布莱恩·阿瑟提出了技术是"自创生"的观点。我们需要首先明确技术体系可以通过已有技术的组合创新方式，产生技术的创新。其次通过捕捉现象，利用一个或某几个可被开发或利用的自然现象，从而产生新技术。

3.2.2　科学与技术的区别

科学与技术是两个截然不同的概念。技术经理人在分析项目的时候，必须深入了解科学与技术的关系。科学构建于技术，而技术是从科学和自身经验两个方面建立起来的。科学和技术以一种共生方式进化着，每一方都参与了另一方的创造，一方接受、吸收、使用着另一方。两者混杂在一起，不可分离，彼此依赖。[8] 以下是科学与技术关系的几点共识：

（1）科学的目的是发现可被利用开发的自然现象。科学提供观察现象的手段；提供与现象打交道时所需的知识；提供预测现象如何作用的理论；提供捕获现象、为我所用的方法。

（2）科学通过观察和推理获得洞察力，但观察和推理又需要方法和设备。科学很大程度上是通过仪器和方法，即通过技术对自然进行探索的。

（3）技术通过科学发现可被利用开发的自然现象并加以利用与开发，技术是将科学研究作为应用与开发的起点，是人类社会发展突飞猛进的原因。

（4）技术自身遵循技术进化的原则，即技术的"组合进化"。

将科学研究作为应用与产品开发的基础与起点，与此同时，技术通过组合进化的方式诞生更多的技术，由此不断加速新技术的出现，这就是人类技术突飞猛进的原因。

3.2.3　高校与企业的区别

高校的优势在于基础科研，基础科研为创新发明新产品和新技术提供理论依据。优质的科研成果大多来自高校。从 16 世纪的英国开始，高校有了科研职能，到了 19 世纪，美国、德国和法国建立了以高校为主的科研体系。"二战"后，各国进一步加强了对高校基础科研的投入。今天，全世界最新的科研成果大多集中在高校。高校科技成果转化的核心环节就是把科研成果转化为企业的科技产品，没有这个环节，再好的技术也是空中楼阁。

高校做科研，企业做研发，科研和研发是两个不同的阶段，需要的是两种不同的技能，如图 3-1 所示。首先，高校的科研追求的是单项领先，而企业的研发追求的则是技术与技术之间的协同发展。对高校的科研专家而言，他 / 她发明一项突破性技术，发表了论文，工作就完成了。但是企业家要解决的是该项高校科研是否可以满足实际应用，最终产品化。

图 3-1　高校基础科研与企业产品研发的区别

高校科研团队在披露待转化项目的时候，如果单从产品这个角度来考虑，技术成熟度都不会太高，很多技术经理人就会认为项目没有价值，或者说距离产业化、商业化太远，往往直接放弃。其实，在很多情况下，如果没有完全理解高校的科研优势与企业的研发优势的区别。一味地从成熟度考虑，可能会错过很多好的项目。

技术经理人在做技术转化项目的时候，要清晰地认识到科学与技术的本质区别，要理解高校的科研优势与企业的研发优势的区别。这点，在技术经理人初步评价项目价值的时候是极其重要的。

3.3　技术与产业发展的关系

3.3.1　技术"S"形曲线与价值网络

3.3.1.1　技术"S"形曲线

克莱顿·克里斯坦森在《创新者的窘境》一书中认为技术"S"形曲线是

技术战略理论的中心环节。它所体现的是：只要是限定在一段特定时期内，或是由于一些工程方面的努力，产品的性能改善幅度就可能会随着技术的成熟而发生变化。在技术发展的早期阶段，性能提高的速度将相对比较慢。随着人们对技术的理解逐渐深入，控制力逐渐加强，应用范围更加广泛，技术改进的速度将会不断加快，但在成熟阶段，这项技术将逐渐接近自然或物理极限，其结果就是人们需要更长的时间或更大的工程投入才能实现技术上的改进。企业面临的挑战，则是在新、旧"S"形曲线的交汇处能否成功地实现技术转换。[9]

3.1.1.2　价值网络

了解价值网络，有助于技术经理人深入理解技术与产业发展的关系。克莱顿·克里斯坦森对价值网络有比较明晰的解释："即一种大环境，企业正是在这个大环境下确定客户的需求，并对此采取应对措施、解决问题、征求客户的意见，应对竞争对手，并争取利润最大化。"在价值网络内，每一家企业的竞争策略，特别是过去它对市场的选择，决定了它对新技术的经济价值的理解。这些理解反映了不同企业希望通过新兴技术而获得的回报。价值网络反映的是产品结构每个价值网络成本结构的特点，都会影响企业对具有获利潜能的创新项目的判断。[9]

3.3.2　创造性毁灭

经济学家约瑟夫·熊彼特提出了"创造性毁灭"的概念，熊彼特认为，通过创造性毁灭的过程，旧的和过时了的方法和产品会被更好的替代，通过对旧的方法和产品的毁灭迎来对新的方法和产品的创造。简单来说，创造性毁灭是新的事物不惜把旧的毁掉，如此创造出新的事物来。[10]

技术、产品、市场、资源、组织是熊彼特所说的创新的五要素，在这里我们可以先把产品、市场、资源、组织四要素理解为克莱顿·克里斯坦森的价值网络，当技术单一要素出现了创新的可能性时，我们需分析一下，技术与价值网络之间的关系。

3.3.3　基于价值网络的延续性技术创新与破坏性技术创新

技术的发展往往遵循这样的规律：技术创新产生了一项新技术（延续性技术创新或破坏性技术创新），经过技术的沉默期后，该技术创新可能引起爆发的市场，最终演化成为主流技术。[11]

那么技术经理人应该如何理解基于价值网络的技术创新呢？从技术单一要素来看，技术可以是基于新原理或者新现象的原始创新，也可以作为技术"组合创新"的集成创新，或是成熟技术的转移与创新应用。而当技术单一要素出现了创新的可能性时，技术与价值网络产生关系，克莱顿·克里斯坦森把基于价值网络体系的技术创新分为两种：延续性技术创新与破坏性技术创新。

1. 延续性技术创新

大多数新技术都会推动产品性能的改善，克莱顿·克里斯坦森将此项技术定义为"延续性技术"。一些延续性技术可能不具有连续性，或者在本质上具有突破性，而其他一些则在本质上属于渐进式技术。所有的延续性技术都具有的特点就是：根据主要市场的主流客户一直以来所看重的性能层面，提高成熟产品的性能。特定产业的大多数技术进步从本质上说都具有延续性。[9]

2. 破坏性技术创新

破坏性技术给市场带来了与以往截然不同的价值主张。一般来说，一旦破坏性技术开始真正影响我们的世界，就会破坏现有的产品、服务、市场和产业，这就产生了颠覆性。[9]例如，三维立体（three-dimensional，以下简称3D）打印就是一个很好的例子，单单这项技术，就对整个传统制造业构成了威胁。3D打印机最早出现在20世纪80年代，价格非常昂贵，只能打印塑料，制作周期也很长。然而，当3D打印技术发展到今天，已经可以用元素周期表上的大部分物质进行打印，包括金属、塑料、橡胶、玻璃、混凝土，甚至有机材料，如细胞等。可以打印出来的东西从飞机发动机到公寓大楼、从电路板到假肢，3D 打印正在以越来越短的时间制造越来越复杂的产品。

这对于传统制造业来说无疑是一件非常重要的事情，因为 3D 打印的"随需应变性"，消除了包括库存以及保持库存的一切需求，包括供应链、运输网络、仓库等。今天我们来看 3D 打印技术，它对传统制造业就属于破坏性技术，而且这项技术的应用会非常快速。

3.4　技术评价的关键方法

下面我们就技术评价体系中的关键方法进行阐释，为技术经理人在项目评价过程中提供借鉴。

在了解了前人对技术创新的概念后，我们需要体系化地理解技术创新所带来的机会，那就是基于价值网络所产生的延续性技术创新或破坏性技术创新，延续性技术创新是在现有价值网络中降本增效，更好地满足现有市场需求的一种创新机制，而破坏性技术创新主要是通过现有技术，产生新兴价值网络，从而达到价值网络迁移，产生新兴价值网络。

如何评价新技术对现有价值网络的创新方式，是本章技术商业化应用分析工作的重点，面对两种不同的技术创新方式，我们应该采取不同的技术转化路径，帮助高校、科研院所的成果更好地完成技术转移。以下从技术创新维度和产业链维度出发，尝试给出一套技术转化分析方法，即技术商业化应用分析。

3.4.1　技术创新维度

技术创新维度采用了一些新的分析方法，帮助技术经理人在技术转移过程中更好地评价项目，它们分别是社会趋势聚焦法、情景分析法、PMF 模型、技术成熟度曲线法、技术成熟度评价法，下面一一介绍。

3.4.1.1　技术初步分析

1. 优秀的科研一定来自优秀的高校科研团队

爱迪生一生中有超过 2000 项发明，拥有 1000 多项专利，他是人类历史上最伟大的民间科学家之一。然而，今天的科学是复杂的协作系统的成果，需要多个单位紧密协作。这意味着，民间科学家单枪匹马发明出电灯的机会已经非常渺茫了，民间科学家的时代已经一去不返。如今好的技术和专利，大多出自优秀的高校。[12]

1980 年，美国出台《拜杜法案》。该法案规定高校科技成果转让的时候，可以不转让专利，而是以许可的方式转让独家商业权益，这一方面让高校保留了知识产权，另一方面极大地收集了技术的商业价值。《拜杜法案》极大地促进了高校科技成果的转化，1978 年，美国的技术转化率只有不到 5%，但在《拜杜法案》出台之后，美国的技术转化率提高了数十倍。

2. 技术应用场景

好的技术必须是有商业价值的技术，如果没有具体的应用场景，不能转化为产品推动社会进步，就只能被束之高阁。这种技术是没有价值的。就像东芝公司发明的 1.8 英寸硬盘，在 iPad 没有问世之前，只能待在实验室里，而当该技术有产品应用场景时，才能发挥技术的市场价值。

3. 完善的技术应用壁垒

技术经理人千万不能认为技术非得高大上不可，而是需要看到技术的独特性以及技术壁垒是否完备。就像很多人工智能算法开源技术（也就是向公众开放源代码的技术），开源技术并非不优秀，但是如果不具有好的垂直应用场景，开源技术很难构建起自身的壁垒，那么我们可能更需要看到的不是算法技术本身，而是要看到是否有足够多的垂直应用场景数据作为支撑，来不断完善该项算法技术。

4. 巧用文献计量法

文献计量法是基于科学出版物的数据，采用数学与统计学等工具，评价科学研究活动的投入、产出、成果和影响的方法。常见的文献计量法有三类：数量分析、引文分析及社会网络分析。

数量分析是将出版物数量作为确定评价对象产出数量的方法。科技出版物包括科技专著、期刊论文、会议报告、专利标准等。

引文分析是对被评价项目的引用和被引用现象进行分析，以揭示其质量和规律的方法，主要包括引文数据分析、引文关系分析及引文主题分析。

社会网络分析则是根据合著关系或引文关系等数据，分析社会关系结构及其属性的方法。

文献计量法对技术经理人作项目评价是很重要的方法。技术经理人可通过论文数量、引用率、国际合作关系等方面初步分析技术的独特性和前沿性。

3.4.1.2　技术深度分析

1. 社会趋势聚焦法

社会趋势聚焦法通过对显性、隐性及常规性等各类社会趋势进行整合，聚焦社会发展趋势；进而推测出每个趋势领域的演变路径、可能给社会带来的机遇与挑战；最后归纳出为应对这些机遇和挑战可行的技术领域与技术方向。

社会趋势聚焦法本质是一种由"社会趋势 – 机遇挑战 – 技术领域"定性的倒推分析法，适用于对中远期技术进行评估与预测。因为对中远期技术的预测会面临许多不确定与隐性因素，从技术的定量分析入手，缺乏有效建模手段；而对社会趋势的定性判断，则准确性相对较高，在此基础上倒推相应技术领域与技术方向，具备一定可操作性。

这一方法的典型应用机构是德国联邦教育研究部（German Federal Ministry of Education and Research，简称 BMBF）。德国联邦教育研究部于 2007—2009 年开展了第一次技术预见，时间跨度为 2 年，预见重点是科学技术领域。2012—2014 年，德国联邦教育研究部进行了第二次技术预见，重点是社会发展及挑战，主要聚焦 2030 年社会和科学技术的新发展，特别是健康、科技创新、教育、经济、政治等领域中可能出现的突破点。[13]

2.情景分析法

情景分析法是常见的一类分析方法，采用情景分析法是为了让技术经理人"站在未来看现在"，首先需要通过对技术的深入理解，研究技术在未来能带来哪项核心性能指标的提升，然后围绕该项核心性能指标，列出关键影响因素，构想驱动未来可能的情景。

其实，在绝大多数时候，高校、科研院所的科研团队所披露的技术应用都非常多，但他们自身也不知道未来这项技术应用在哪里更具价值，那么在这个时候，技术经理人需要做三个核心工作：一是充分理解技术指标；二是通过产业分析的方法帮助高校、科研院所科研团队寻找未来商业化的机会；三是根据情景分析法，定性出技术商业化的方向，当然这个时候可能会有一到两个方向。

3.PMF 模型

PMF 是 product market fit 的简写，是指产品和市场达到最佳的契合点，即所提供的产品正好满足用户的需求，令客户满意。

PMF 分成三部分：market，product，product-market fit。

market 就是我们说的市场。市场中包含了目标客户以及未被满足的需求。每一件产品都是用来解决某一群人的某个问题的。因此，运用先进技术制作一件产品，最重要的就是及时发现目标客户群体，以及目标客户群体现在需要但缺少什么。

product 就是我们说的产品。在模型里被定义为价值主张、功能集合、用户体验。每一件产品都是为了满足某种需求而诞生的。这个产品所能满足的需求就是它的价值主张，并且它必须通过某些功能给用户使用才能体现出它的价值。它的功能好不好用，会带来不同的用户体验。

product-market fit 就是挖掘用户需求并匹配合适产品。用户往往说不清自己想要什么，他们只知道自己有某种需求，但是具体是什么，可能连他们自己都无法描述出来，即使能描述出来，也会和最终的产品南辕北辙。技术经理人往往扮演高校、科研院所科研团队的产品经理这一角色，帮助科技成果转化项目分析和收集用户的需求。这是一个挖掘用户需求并且找到合适产品的过程。

PMF 模型常常与情景分析法共同使用，这是关键的一步，通过情景分析法得出相对应用方向后，再通过 PMF 模型帮助高校、科研院所科研团队在产品研发过程中寻找基于某一特定情境的应用，通过该项技术研发的产品是否可以更好地达到客户所需的核心性能指标。

4. 技术成熟度曲线法

技术成熟度曲线（the hype cycle）由著名的技术研发与咨询企业高德纳公司提出，是一个呈钟形的曲线，横轴表示时间，纵轴代表技术价值的显示度或技术期望。有时，它被翻译为技术显示度曲线，是由两条不同的曲线合成的。[14]

在理解技术转移对企业创新的关键作用时，高德纳公司认为应重点关注企业外部的创新，即核心的技术来源于公司外部，而不是公司内部的发明创造，也就是我们现在所说的通过与高校、科研院所的合作，以技术转移的方式，将优质科技成果转化到企业内部去。对企业来说，哪些技术适用于企业就变得尤为关键。面对海量技术池，没有哪个组织有能力去购买并采用所有新技术，因此，它需要考虑在什么时候选择什么样的技术。那么技术成熟度曲线所展示的是某项创新被市场接受时的基本规律。该曲线已被世界各地管理团队广泛使用，专门用于解读那些令人眼花缭乱的新兴技术。[15]

技术成熟度曲线的产生源自人的本性和创新的本质这两个因素的相互作用。从人的本性来说，往往会高估期望值，但创新事物创造出真正价值的速度是由创新的本质来驱动的。高德纳公司通过两条不同的曲线来描述这两个因素。

第一条曲线是钟形线，代表着通过正面和负面炒作导致的热情与失望（这是人性），人们在开始阶段往往会对一项新兴技术的发展过于推崇和乐观，使该技术的显示度水平达到顶峰，但由于新技术的应用通常难以达到人们的预期，又会使技术的显示度大幅下降到一个较低的水平。[14]

第二条曲线是一条 S 形曲线，表明创新在最开始是如何缓慢地改善其表现，之后稳步上升。第二条曲线反映了技术的成熟过程，在开始阶段技术的成熟速度较慢，随着知识的积累和投资的增加，在达到一定的拐点后技术会加快成熟，最终随着技术性能达到极限，该技术将实现完全成熟。[14]

两条曲线合成以后得到技术成熟度曲线，它可以细分为五个阶段，如图3-2所示：

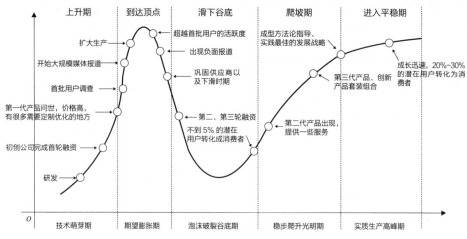

图3-2 技术成熟度曲线

资料来源：杰姬·芬恩，马克·拉斯金诺. 精准创新［M］. 朱晓明，曹雪会，任轶凡，等译. 2版. 北京：中国财富出版社，2015：86.

第一阶段：技术萌芽期。新的技术概念开始传播并引起媒体和行业的兴趣，风险资本开始介入以期获取先发优势。它也被称为"创新萌芽期"，就是某项技术创新的发布突然引起人们的兴趣。

第二阶段：期望膨胀期。企业不断搜罗技术创新，并希望赶在竞争对手之前采用它；与此同时，其他公司因为不甘愿居于人后，也随大流地纷纷想采用该项技术创新，创新被推向了极致。人们对新技术的期望达到顶峰，并广泛见诸媒体，同时企业资本蜂拥进入。

第三阶段：泡沫破裂谷底期。随着时间的推移，人们深入探究之后发现，某项技术创新并没有创造出实际价值，过高的热情导致新技术的应用难以达到预期，比预想的要迟缓，公众的失望开始扩散，媒体出现负面报道。

第四阶段：稳步爬升光明期。随着时间的推移，新技术的提供者依照创新早期的反馈意见持续开展技术研发，克服了最初的障碍，开始感受到新技术创新带来的利益，并且持续不断地投入精力，技术性能逐步提升。

第五阶段：实质生产高峰期。伴随创新的真实收益日益显现并不断被接受，越来越多的组织面对的风险显著降低，市场化应用获得成功，技术价值得以实现。

技术成熟度曲线描述了一项技术通过外部协作创新进入产业，在早期，通常关注发明本身，之后开始关注应用和商业结果，早期谈论的总是未来的可能性，而到了中期伴随任务的艰巨，通常会转为负面、悲观评价，进而滑入幻灭的谷底。但是随着技术的持续发展，最终创新的价值被主流市场认可，创新拥有相对可预测的价值，并且风险也显著降低。

5. 技术成熟度评价法

技术成熟度，是指技术相对于某个具体系统或项目而言所处的发展状态，它反映了技术对预期目标的满足程度。技术成熟度等级，是指对技术成熟程度进行度量和评测的一种标准，其评价方法是将一项技术按照"原理概念—试验验证—仿真运行—现实环境运行"的研发流程划分阶段，并为各阶段制定明确标准，据此来量化评价技术成熟度的方法，技术成熟度可用于评价特定技术的成熟程度，也可判断不同技术对目标的满足程度。[16]

技术成熟度等级最早由美国航空航天局（NASA）于 1989 年提出，当时只有七个等级，后经修改，在 1995 年的美国航空航天局白皮书中增加至九级。目前，主流的技术成熟度评价准则如表 3-2 所示：

表 3-2　主流的技术成熟度评价准则

	等级	等级描述	等级描述评价
1	基本原理清晰	发现新原理，提出新理论	通过理论研究，证明基本原理是有效的
2	技术概念	主要成果为研究报告、论文和实验报告	具有了预测产品的能力
3	应用设想论证	模拟仿真验证核心关键功能	技术应用的可行性，提出技术转化途径
4	技术方案	根据应用背景，提出技术方案	提出原理样机的整体设计要求

	等级	等级描述	等级描述评价
5	模拟环境验证	完成主要功能模块设计和加工	初步确定关键生产工艺
6	演示样机	演示样机集成	通过演示实验演示样机
7	工程样机	工程样机集成	工艺稳定,具备试生产条件
8	原型样机	原型样机集成	生产工艺达到可生产水平,具备生产条件
9	产品通过实际应用	产品通过实际验证	产品通过使用验证,应用设想得到实施

技术成熟度评价方法一方面,将研发流程标准化,对研发进展实行细分等级,从而有利于待转化项目加强进度管理;另一方面,建立了统一的评价标准,为不同技术之间进行交流和比较提供较为一致的尺度,为加强研发活动间的衔接提供决策依据。

但是技术成熟度评价也有一定的局限性:一是评价标准不涉及具体的技术参数,在同一技术成熟度等级中的不同技术项目会出现技术参数偏低的项目;二是科技成果形式多样,有偏重于前沿科研的重大项目,有偏重于市场应用的项目,有产品、装备、配方、工艺等形式,很难通过统一的方式进行评价。

3.4.2 产业链维度

作为技术经理人,产业分析是评价过程中非常重要的一个环节,但是很多技术经理人对产业分析不是太重视,导致评价的过程中只能通过技术来评价技术,单一的维度不能使技术经理人更好地通过产业链维度来看待高校科研成果转化的商业化应用方向。因此,在技术商业化应用分析与评价中,产业分析是非常重要的一环。

我们在走访高校听取科研工作者披露项目的时候,大部分时候他们总是介绍某项技术未来可以应用到这里,也可以应用到那里。这其实本身就是一个非常大的问题,对科研工作者本身来说,完成基础科研并且小试结束,他的工作基本上就完成了，这是科研工作者的"长板"，而对产业的理解往往不是科研工作者的优势。基于此，作为技术经理人需要帮助科研工作者更深刻地去理解产业链的特点，通过技术创新链和产业结构相结合的方式，更加深入地帮助科研工作者分析该项技术未来应用在哪个产业的机会更大。下面简单介绍产业分析中的一些主要且易用的基本框架。

3.4.2.1　产业分析的基本框架

1. 产业发展环境

对产业发展环境主要分析以下内容：

经济环境：全球经济环境对产业发展的影响。

社会环境：人口、教育、文化等环境分析、居民消费观念和习惯等社会环境对产业的影响。

政策环境：科技政策、产业政策、金融政策、税收政策、贸易政策、人才政策等政策环境。

产业技术环境：产业技术水平发展现状、专利数量、技术人才发展现状。

2. 产业市场情况

对产业所在市场主要分析如下内容：

产业经济特点：营利性、成长速度、进入壁垒 / 退出机制、风险性、产业周期、竞争激烈程度等。

产业市场特点：产业发展概况及特点、市场结构、产业竞争格局、市场区域分布、主要国家（地区）市场分析。

产业供给情况：产业供给分析、产业产品产量、重点企业产能及占有份额。

产业需求情况：产业需求市场、产业客户结构、产业需求的地区差异。

3. 产业结构

对产业结构主要分析以下内容：

产业链结构（上游、中游、下游）、产业链条的竞争优势、该产业应用结构发展前景。

产业链是一个非常重要的环节，它从根本上帮助大家梳理和理解产业之间的结构与各个环节中的优势地位。任何一个产业的兴衰，都离不开上下游产业的效应影响。对一家企业来说，在外界环境有重大变化时，财务状况受产业链影响非常大，吞噬企业利润的往往不是竞争对手，而是产业链的上下游企业。[17]

产业链本质上是上下游关联企业之间的产业价值链。产业价值链这个概念由价值链衍生而来。价值链的提出者，正是五力分析模型的创造者迈克尔·波特教授。1958 年，迈克尔·波特教授在其所著的《竞争优势》一书中首次提出价值链的概念："价值链是对增加一个企业的产品或服务的实用性或价值的一系列作业活动的描述，主要包括企业内部价值链、竞争对手价值链和产业价值链三部分。产业价值链分析是指企业应从产业角度，从战略的高度看待自己与供应商和经销商的关系，寻求利用产业价值链来降低成本的方法。"[18]

通常来说，首先需要对产业链进行划分，搞清楚产业价值链的上下游。对于每一个产业来说，产业链的组成部分都是不同的，需要进行大量的调研和访谈，才会了解一个产业链。

明确了产业链的组成部分之后，就该考虑下面几个问题：产业链各环节之间的竞争关系如何？产业链的主导者是谁？产业链的商业模式是怎样的？影响该产业链的关键成功因素是什么？最后看产业价值链的转移趋势，未来哪些环节会很重要，利润会更高。

产业链的分析过程中，有一些关键要素是非常重要的：产业链组成与概况、产业链是否开放、关键技术成熟度情况、产业配套成熟度情况、主要竞争对手和潜在竞争对手等。

4. 产业前景及趋势

对产业前景及趋势主要分析以下内容：

技术发展趋势、产品发展趋势、产品应用趋势。

未来产业发展的影响因素：有利因素、不利因素。

5. 产业投资机会

对产业投资机会主要分析以下内容：

产业链投资机会、产业风险预测与防范。

由于产业分析存在个性化的需求，因而不是每部分都有必要凸显出来，只要能充分证实你的结论或预测，分析几个重点环节可能就足够了。

3.4.2.2　产业生命周期分析

产业的生命周期是指产业从出现到完全退出社会经济活动所经历的时间。产业的生命周期主要包括四个阶段：朝阳期、快速发展期、成熟期、衰退期，如图 3-3 所示。然而，真实的情况远比理论上的情况微妙得多。没有长久不衰的产业，也没有永续繁荣的产业，产业要想长盛不衰，一方面，需要着眼未来，提早进行布局；另一方面，要认清自己所在的产业处于生命周期的哪一个阶段，提早培养自己的进化能力。

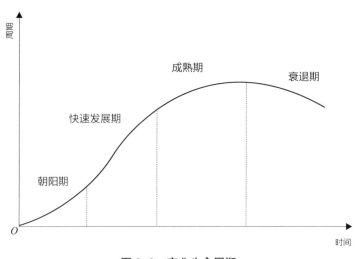

图 3-3　产业生命周期

朝阳期，也即该产业刚刚建立不久，未来前景可期，各类新技术也纷纷进入，产品相对都不够完善。该阶段技术的研究、开发费用较高，企业进入壁垒较低，且技术成熟度较低，很多配套技术不够成熟。该阶段并不是技术成果最适合的转移转化阶段，对技术经理人而言，需要持续关注，重点跟踪有什么样的新技术正在进入该产业，有哪些企业开始转型投入该产业等，以便后期找寻更为合适的技术成果进入该产业。

快速发展期，产业基础技术已有一定的积累，产业特点、产业竞争状况及用户特点已比较明朗，需求高速增长，大量新技术不断融入该行业，产业链逐渐形成。该阶段是技术成果最适合转移转化的阶段，尤其是那些具有破坏性技术创新的科技成果，正是在行业崭露头角的绝佳时机。对技术经理人而言，需要重点关注待转移转化的科技成果的先进性、技术成熟度等信息，同时关注技术产业化的周期问题等，需要找寻一定的技术壁垒和具备一定快速量产能力的技术成果以获得竞争优势。

成熟期，产业已经发展到一定阶段，技术上趋于成熟，产业链形成合理布局，需求增长率降低，市场已经趋于饱和状态，新的相关技术或新产业开始出现，但趋势不是很明显。此阶段产业需要的技术多为延续性技术创新，对技术经理人而言，需要重点关注科技成果应用的成本优势，在产品实现功能的同时降低成本来帮助技术吸纳方获得更大的市场空间。

衰退期，产业逐渐萎缩，市场增长率逐渐下降，需求下降，部分企业已经退出市场。新的相关技术或新产业开始崛起，整个产业逐渐走向没落。此阶段产业对技术的引入已经没有诉求，对技术经理人而言，就需要及时洞察，少做无用功，转向新的产业。[19]

比对这些指标表现，可以大致判断科技成果所在产业处于哪一个生命周期阶段，从而对该产业未来五年会更有前景还是会一步步走向衰落有全面、宏观的判断，这对看清产业大趋势而言非常重要。

3.4.3　技术评价的注意事项与应用案例

好的技术一定要有好的应用，同时必须兼顾技术所应用到的产业，以实现产业协同。技术创新维度和产业链维度双维度的技术评价使我们清晰了解技术与产业发展之间的关系。基于此，技术经理人在评价高校、科研院所科研项目时，要有一个结构性的认知，即基于产业链这一价值网，判断某一高校、科研院所新兴技术是属于延续性技术创新还是破坏性技术创新。这就是我们一直说的如何帮助高校、科研院所项目实现更有应用价值的转化路径问题。延续性技术创新主要是针对已满足和未被充分满足的客户，不断为主流市场的现有客户提供新的、改进的产品和服务。如果通过分析与评价得到的结论是延续性技术，那么在进行产业链分析后应尽快地去找该项技术在未来最有机会进入的产业头部企业去合作。如果通过分析与评价得到的结论是破坏性技术，那么它未来会产生颠覆式创新，那就可以通过资本市场一轮一轮地进行融资、孵化下去。

3.4.3.1　技术评价的注意事项

技术经理人在帮助高校、科研院所科技人员评价项目的时候，最有效的项目评价方式通常是关注该技术创新的某项具体应用，而不是泛泛而谈该项目的潜力。技术创新充斥着不确定性，我们的大脑认知往往容易形成一种定式，这就导致我们在评价过程中会产生来自技术经理人团队的偏见，使评价过程存在各种陷阱，致使我们要么因为犹豫不决而错过机会，要么因为作出错误的决定而浪费精力。因此，我们必须注意以下几点。

1. 满意与完美

避免过度分析，通过收集足够充分的信息，作出一个基本可以但无须完美的评价决策。在评价过程中，往往会出现信息不全的情况，我们在做技术商业化应用分析与评价的过程中，最大的挑战就是要判断现有信息是否足以支持即将实施技术转移的决策。因此，需要聚焦关键点，对项目在未来转移过程中的机会与时机有一个较好的判断。

2. 低估技术产业化时间预期

成熟速度较慢的技术，似乎一直在朝成熟的方向前进，但似乎永远达不到创造显著价值的地步，我们在评价的过程中，需要着重考虑产业化"时间"这个维度，作为初级技术经理人，在早期从业的过程中，尽量不要对这类项目投

入太多的时间和精力。

3. 过度自信

大多数人对自己的能力都过度自信，都相信自己的决定才是正确的。即便是专家也会盲目地相信自己的预测是准确的。太多的评价并不能产生更多的实际价值，反而会让人迷信自己评价得出的结果。作为技术经理人，要努力克服这种心态。

4. 保守主义

一旦形成了初步评价判断，就不会因为新信息的出现而轻易改变。作为技术经理人，我们需要克服自身的惯性。技术的发展是动态的，所以我们需要保持好奇心，对技术的发展、产业的发展进行实时跟踪。

3.4.3.2　技术评价的应用案例

2019年本书编著团队参与了西安市某大学微射流激光技术转化工作，微射流激光技术（Laser MicroJet，简称LMJ）是细水射流引导激光实现加工的先进技术，也叫激光微水射流加工技术。该技术将激光束聚焦后耦合进高速的水射流，由于水和空气的折射率不同，激光在水束内表面发生全反射，集中的激光能量被限制在水束中。加工时，聚焦到喷嘴位置的激光束在微细的水柱内壁形成全反射后生成截面能量均匀分布的能量束而被引导至工件表面实现工件加工。现已在航空发动机热端部件制造、航空器碳纤维增强基复合材料（CFRP）结构件加工、天然金刚石切割、大规模集成电路晶片切割等行业明确为行业领先的解决方案。

根据技术应用商业化分析，微射流激光技术在大规模集成电路应用广泛且表现出色。微射流激光技术经过晟光硅研团队持续两年的研发，目前已经成功完成6英寸碳化硅晶锭的成功切割，经表面形貌测试，晶片表面接近化学机械抛光（CMP）处理水平。知识产权赋能方面，已完成9项专利注册，6项原创发明专利的撰写。9项专利中，发明专利3项，实用新型专利6项。在公司技术研发过程中与国内前四家碳化硅材料企业通力合作，并获得公司技术研发应用，进一步形成了产品订单。

目前该技术已经成功转化，并且在 2021 年与某上市公司签署投资协议书，完成 1000 万元人民币股权投资，投前估值 1.5 亿元人民币，2022 年完成第二轮融资，投前估值 2.5 亿元人民币。

第4章　科技成果的赋能与推广

战争的伟力之最深厚的根源，存在于民众之中。

——毛泽东《论持久战》

信息获取与商业化应用分析，明确了科技成果是否值得转化，往哪里转化的问题。接下来就需要制定转化方案。转化方案应考虑以下几个方面：其一，对科技成果进行二次开发，使其往产品实现的方向走；其二，对科技成果及其二次开发进行知识产权布局；其三，将金融的力量或成果需求方引入。前两个方面将极大提升待转化科技成果的成熟度与市场价值，创造让成果需求方接受科技成果的条件或自我创业的条件，因此，被称为科技成果的赋能。第三方面主要是让成果需求方与相关的金融机构认可其价值并加入推进该科技成果的转移转化中来，为后续的商务谈判提供价值认可的基础、人际关系的基础，因此，被称为科技成果的推广。

4.1　科技成果的赋能

现有的科技成果大都是知识形态的论文、专利或技术方案，实物形态的样品仅停留在实验室、小试阶段。因此，当技术经理人拿到这些科技成果信息，分析出这些科技成果有转化价值而又不能达到直接转移转化的条件时，应考虑通过二次开发或其他方式进行赋能，放大科技成果价值，创造让成果需求方接受的科技成果条件或自我创业条件。

4.1.1　二次开发赋能

科技成果的二次开发具有站在巨人肩膀上的先天优势，相对来说，有一个靶子去改进，投入不大但见效快，足以让很多科技成果最终产业化，也足以为二次开发者创造可观的盈利。例如，在通信技术领域，20 世纪 90 年代风靡全国的 BP 机早在 1948 年就由美国贝尔实验室发明出来，遗憾的是，当时体积太大不能实用，到了 20 世纪 70 年代，由于微电子技术的进步，将微电子技术与 BP 机联姻，BP 机体积降到了香烟盒大小。[20] 由此可见，20 多年后对 BP 机的二次开发，使这一科技成果产业化并惠及大众。又如，在医药卫生领域，西咪替丁、雷尼替丁、法莫替丁，之所以都叫"替丁"，是因为雷尼替丁、法莫替丁等都是对西咪替丁专利再次开发而成的"弟弟"，既沿用了它的研发思路、作用机理和作用靶点，又在化学结构上进行了创新。结果不仅规避了专利侵权，而且药效达到甚至超过了"哥哥"。医学界称这类派生药为"me-too 药"[21]。

4.1.1.1　与需求方向吻合的二次开发

科技成果只有适应了社会和市场的需要，才会有用武之地。因此，需求方向的吻合是基本要求。很多高校科技成果由于市场预测缺乏或不准确、技术不够成熟，仅作为样品陈列、展示，如果出售，价钱偏低。亟须精通该行业的专业技术经理人介入，调整二次开发的方向，应用其他行业新技术改进不足之处或者找到合适的应用场景。技术经理人要找到成果的需求方向，指导科技成果的二次开发，必须与该行业企业有广泛的联系，有一定技术功底，对技术的应用方向比较敏感。

我们来看一则例子，西安维塑智能科技有限公司创始人杨少毅自 2008 年考入西安电子科技大学后，2009 年开始致力于机器视觉、机器人以及人工智能相关技术和产品的研发。起初，杨少毅团队并没有找到这些机器视觉、机器人以及人工智能相关技术的需求方向，"我的技术是什么，何处需要我的技术"，类似于"我是谁，谁需要我"之类的哲学问题经常浮现在他的脑海里。后来，他积极拉有共同创业想法的本科生、研究生，大家一起来想这个问题，最终确定了"AI+人体"的需求方向，并将技术落地于健康检测领域，终端的使用者为健身房。但是，2017 年 6 月最初的成果转化产品维塑 Cassic3D 体型追踪仪体积过于庞大，对于寸土寸金的健身房来说，采购需求很小。于是，研发团队对其不断进行二次开发，1 年后开发出维塑 Air，首次提出 360° 全维度体测理念，2020 年 3 月开发出 Visbody D，2021 年 6 月又推出 Visbody-R Pro3，使体型追踪仪的体积越来越小，功能越来越强大，且应用场景从健身房拓展到家庭、疗养院、康复中心等多种场景。产品的主要特点有三个。其一，直观。通过 AI 与三维扫描技术，可以在 30 秒内完成对人体的 3D 建模，并生成身体成分、维度、体态等全方位数据。其二，追踪。体测数据在手机等终端设备展现体态三维模型，用户可以直接查看到身体的各项变化。其三，云端。所有的数据储存在云端，用户可以随时查看并调取之前的报告进行对比。[22] 该系列产品将机器视觉、机器人以及人工智能相关技术沿着健康检测的需求方向实现了不断的二次开发与价值提升。

4.1.1.2　基于应用层级提升的二次开发

从基础研究到应用研究，从应用研究再到开发研究，应用层级逐步提升，这是一种对基础研究成果基于应用层级提升的二次开发，也是二次开发中大多数科技成果要走的道路。例如，医药行业，从基础研究转向临床研究再转向新药开发，不断调整研究结构、更新技术指标，对标《药品注册管理办法（2020）》，这会少走一些弯路，节约时间与开发经费。

很多科技成果最初是以学术论文、实验室样品的形式存在，如果要投入应用环节，亟须二次开发。研究光、电、图像处理技术的西安电子科技大学袁胜春团队也是如此。但是，应用环节的一个现实需求改变了这一切，面对这个现实需求，将积淀的科技成果进行不断的二次开发，让袁胜春团队看到了成果的价值并最终决定创业，这就是目前大家熟悉的具有全球竞争力的发光二极管（light-emitting diode，以下简称 LED）显示屏控制解决方案供应商——西安诺瓦星云科技股份有限公司。2007 年 9 月，袁胜春接到了一个电话：北京奥运会主屏幕盘古大观 LED 屏非常不稳定，急需技术支持。袁胜春团队认为，这个项目关乎国人科技水平和颜面，决定为梦想、为责任奋力一试。[23] 经过艰难的试验、验证，2008 年 3 月 28 日，袁胜春和他的团队终于点亮了盘古大观主屏幕，并且在校正技术上实现重大突破。此举宣告袁胜春团队打破了国外技术垄断。看到自己团队的技术有应用场景，有现实中的市场需求，而自己又能够将技术转换为产品，袁胜春团队决定创业，2008 年 4 月，西安诺瓦电子科技有限公司（西安诺瓦星云科技股份有限公司前身）在西安软件园应运而生。

4.1.1.3　基于功能集成的二次开发

功能集成一般用于新产品开发，例如，在普通的五孔插座上增加 USB 插座，在普通的门禁指纹解锁之外引入密码解锁、人脸识别解锁，将不同的功能进行集成，一项新产品就出来了。在科技成果方面，考虑到高校、科研院所的科技成果往往是从单点上进行突破的，这种突破要实现其价值，一种重要的方式是进行基于功能集成的二次开发，将单点上的突破集成到市场上既有的产品或技术方案上，或者将若干个单点突破集成为一个新的产品或技术方案。兹举两例加以说明。

众所周知，集成电路是整个电子信息行业的基础和核心。2007年4月28日，专注于集成电路的西安拓尔微电子有限责任公司注册成立，刚开始只有几个人、几台设备，现在该公司已发展成为一家年销售过亿的企业，通过了国家级高新技术企业认定[24]，并已启动公开上市。西安拓尔微电子有限责任公司创业之初的专利大多属于西安电子科技大学职务发明专利，且为集成电路设计制造流程中的单点突破。经过一段艰难的尝试后，公司将这些专利集成到电子烟中使用的电容式咪头和相应的控制芯片中去，同时，又围绕该方向开发低温漂欠压锁定电路等专利，实现了公司的大发展。现在全球约2/3的电子烟品牌采用了西安拓尔微电子有限责任公司设计的电子烟芯片。

陶遵丽、陶遵菊在介绍山东省水利科学研究院的科技成果转化措施时表示，"该院以20世纪80年代'电法探测堤坝隐患技术'研究工作为基础，'九五'期间又相继开展了地震映象、多道瞬态面波、弹性波计算机层析成像、高密度电法、同位素示踪法等综合勘探技术的研究，这些不同技术集成到一起，就建立了较为完美的堤坝安全检测评判系统和水工建筑物老化病害检测评判系统"。[25]

4.1.2　知识产权赋能

知识产权是民事主体对其智力活动创造的成果和经营活动中的标记、信誉等依法享有的运用、保护和管理的专有权利。从发明专利、实用新型专利、外观设计专利、集成电路布图设计等知识产权本身来看，知识产权是确权了的科技成果，是一种技术商品，它权属清晰、凝结复杂技术劳动、具有可转化可流通的属性，是科技成果转移转化的源头，赋予科技成果以知识产权的法律属性，想方设法提高知识产权质量，会更好地促进其转化运用。[26]

知识产权赋能就是为了科技成果转化需要，对所涉及的知识产权事务进行管理的相关活动，涵盖知识产权布局、申请、制度建设、培训、诉讼等活动。首先，要立规章、定机构、配资源。要建立起完善的知识产权管理体系，逐步制定知识产权管理制度、知识产权奖励制度、专利申请评估制度、职务发明管理办法、科技成果转化管理办法等规章制度；同时，确定相应的部门或专人进行管理，配备资金、成果、信息等资源。

其次，要充分利用专利信息，加强相关知识产权信息和市场竞争情况的收集、开发与利用，建立与产品或核心技术相关的技术发展趋势和市场动态信息库，为研发提供情报分析的基础。同时，利用专利信息分析技术，围绕产品或核心技术开展专利分析，绘制专利地图，为研发提供策略和路径，也为专利布局提供方向。

再其次，要建立专利申请前评估机制，定期组织有经验的行业专家对待申请的专利技术交底书进行评估，从市场前景、技术创新度及授权前景等角度进行全面评估，确定申报策略。在专利申请过程中也要持续跟踪管理，选择优质的知识产权服务机构，对专利代理师撰写的申请文件的质量进行评估，对代理机构的服务水平进行评定；在专利申请之后及时关注各种缴费及答复审查意见的期限，做好申请后期跟踪。

最后，要做好授权专利的分级分类与运营管理，通过对授权专利进行分级分类，筛选出低价值专利和高价值专利，对不同等级的专利采用不同的运营策略，促进专利的转移转化。本节以下内容将对知识产权布局与申请进行重点阐述。

4.1.2.1 基于转化的知识产权布局

在知识产权正式申请之前，做好合理、严密的布局对科技成果转化来说非常重要。一方面，应考虑布局哪一类型的知识产权，可以对科技成果起到更有效的保护，提升产品的核心竞争力；另一方面，申请专利之前一定要做好专利布局，实现专利价值和利益的最大化。

1. 知识产权类型布局

知识产权类型包括专利、商标、著作权、集成电路布图设计与商业秘密等，每一类型保护的对象、保护期限均不相同，需要根据科技成果的具体类型，并综合考虑申请人的需求和目的来确定保护的策略。

一般地说，单从保护对象来看，如果科技成果是产品、方法或外观设计，则用专利进行保护；如果科技成果是标识，则用商标进行保护；如果科技成果是一般作品或软件程序，则用著作权进行保护；如果科技成果是用以制造集成电路的电子元件在半导体材料中的几何图形排列和连接的布局设计，则用集成电路布图设计进行保护；如果科技成果是不被他人所公知且不容易被他人用正当的手段取得的技术，则可以用商业秘密进行保护。因此，可以根据科技成果的类型选择一种或几种知识产权类型进行保护。

当科技成果既可以通过专利进行保护，也可以通过商业秘密进行保护时，该如何选择布局策略呢？首先，要意识到这两种知识产权类型的区别，专利是以公开换取保护，并且是有一定的保护期限的，而商业秘密是以通过签订保密协议的方式作为技术秘密来保护，只要保密措施做得够好，可以无限期保密。其次，要看科技成果是否容易通过反向工程（拆解、去层等）方式检测到技术方案，是否容易通过侵权判定的方式判断侵权专利，若是，则采用专利进行保护的必要性大，若否，则建议通过商业秘密或商业秘密与专利相结合的方式进行保护。

关于科技成果该采用商业秘密保护还是申请专利保护，还是两者兼具，不妨来看以下案例。

（1）案例1。商业秘密保护："可口可乐"的配方、"同仁堂"中成药的配方等未申请专利保护，而是作为技术秘密进行保护，已有一两百年的历史，其配方内容至今仍处于保密状态，为商业秘密拥有者带来巨大的经济利益。

（2）案例2。专利保护：华为技术有限公司（以下简称华为公司）在5G通信技术上布局了大量的专利，是全球拥有5G专利最多的公司，其中华为公司的5G标准必要专利也是数量最多的。华为公司于2021年3月公布了对遵循 5G 标准的单台手机专利许可费，并宣布开始实施 5G 专利许可收费计划。

（3）案例 3。商业秘密和专利同时保护：云南白药将其核心配方作为技术秘密进行保护，对涉及结构或外观的气雾剂包装瓶及创可贴则采用专利进行保护。

从科技成果转化的角度，建议优先采用类似案例 3 这种商业秘密与专利相结合的方式。商业秘密这一形态比较复杂，有很高的保密要求，仅靠企业或个人私权的界定，没有国家公权力的认定，操作起来比较复杂，因此，仅作为商业秘密不行，必须要有专利去取信于投资方、银行和成果需求企业，展示成果转化项目的实力。但是，专利的弊端是以公开换保护，给同行展示了相对充分的信息，会给自己带来潜在的威胁，尤其是新创的科技成果转化企业或团队没有市场在手、品牌也未树立，保留一些商业秘密是必要的，即使其保密要求高，也应适当保留。

2. 专利布局

关于专利布局的概念有数十种，为了更贴合科技成果转化的目的，本书的专利布局主要是指通过专利信息分析或专利导航、高价值专利培育和布局等手段，形成系统化的、更有竞争力的专利组合的过程。

专利信息分析可以从项目研发初期就介入，通过对相关领域技术现有专利进行梳理和分析，了解该技术领域的专利申请趋势，通过专利检索制定该领域的技术生命周期图，来判断该技术是处于生命周期的哪个阶段，以分析研发的利弊；也可以通过对该技术领域的专利进行分析，绘制专利地图，获取整个行业的专利布局热点和空白点，以及竞争对手的专利布局情况，从而为技术研发路线提供参考，例如，通过专利地图发现该领域专利布局比较充分，那么存在侵权的风险就比较大，且可以避免重复研发；同时通过对竞争对手的专利布局情况进行分析，可以围绕竞争的专利布局进行规避设计或包绕式研发。

基于转化的专利布局，可以在整个项目研发周期，通过高价值专利培育的手段，从技术角度和市场角度分别培育专利的技术价值和市场价值，布局出一批有市场转化前景，且预期转化收益较高的专利及专利组合。

从技术角度来说，已知的或通过诉讼或许可等方式实现高金额收益的专利均具有以下特点：技术方案本身起着决定性的作用，要么是技术先进性非常高，可以引领技术发展的方向，或者达到颠覆行业认知程度的技术方案；要么是技术成熟度较高，有产业化产品的技术方案；要么是不可替代性较强，对竞争对手有较大抑制作用的技术方案；等等。因此，可以从技术先进性、技术成熟度、技术独立性、技术不可替代性等方向对正在研发中的科技成果进行培育，并在培育的基础上进行有目的性的专利布局。下面通过三个案例来详细说明。

（1）案例1。2017年，山东理工大学毕玉遂教授团队研发的2件无氯氟聚氨酯化学发泡剂专利以总计5.2亿元人民币将独占许可使用权转让给补天新材料技术有限公司，创造了高校转让专利独占许可使用费额度的最高纪录。这两件专利如此高额的许可费，除了技术自身的先进性外，还离不开专利的培育工作。

国家知识产权局曾派出微观专利导航项目工作组进驻学校，对"聚氨酯化学发泡剂"项目特定专利技术开展"微观专利导航"，并进行专利布局；该项目2016年申报了4件国家发明专利和3件PCT专利；2017年专利网布局完成，包括2件核心专利、4件PCT专利（其中2件进入了8个国家/地区），42个外围专利。❶

（2）案例2。苹果公司手机滑动解锁技术布局的系列专利，就是一种基于不可替代性的专利培育和布局方法。围绕滑动解锁的鼻祖专利US7657849，通过整体方案替代、特征替代、特征省略等方式，培育和布局出了一系列的滑动解锁专利，覆盖了市场上所有的滑动解锁手机的滑动解锁方式，通过专利诉讼为苹果公司赢得了高额的赔偿费。

从市场角度来说，一件专利最终的价值大小是由市场来决定的，专利的技术创新程度再高，技术价值再高，产品没有市场或轻易就被市场淘汰，也难以

---

❶ 佚名.这个项目凭什么以5.2亿元创专利技术转让费纪录［EB/OL］.［2022-03-20］.https://www.sdut.edu.cn/2019/0711/c742a332240/page.htm.

通过市场来获取收益。因此，在专利培育过程中，可以通过调研产品在市场上的应用情况，发现市场痛点，确定产品的市场需求，有针对性地对技术方案进行改进；或者通过对竞争对手的专利或产品的研究，有针对性地进行相应的专利布局，给竞争对手设置进入市场的障碍。

（3）案例 3。源德盛塑胶电子（深圳）有限公司于 2014 年 9 月 11 日申请了名为"一种一体式自拍装置"的实用新型专利，并在 2015 年 1 月 21 日被授权，专利号：ZL201420522729.0；该专利通过侵权诉讼为公司带来上亿元的收益，并获得第二十届中国专利金奖；该专利也成为高价值专利的典型案例。❶

该专利技术就是基于此前市场上分体式自拍杆存在的拆卸后零件容易丢失以及拆装不方便这两个问题进行的改进，该"一体式自拍杆"将夹持装置和伸缩杆一体式转动连接起来，使自拍杆在使用和携带时无需临时组装拆分，使用更加方便。同时，该产品还巧妙地在夹持装置的载物台上设置缺口，在夹紧机构上设置折弯部，用于收纳伸缩杆、连接头或手柄，使自拍杆收纳的体积更小，便于收纳携带。该产品虽然改进不大，且只布局了一件实用新型专利，但由于改进点基于市场的痛点，非常受用户青睐，市场销量很好，出现的大量模仿者也被诉侵权并赔偿，该专利为专利权人带来了巨大的经济收益。

4.1.2.2　基于转化的知识产权申请

一项科技成果，必须由申请人向国务院专利行政部门提出专利申请，经国务院专利行政部门依照法定程序审查批准后，才能取得专利权。那么，从专利转化的角度出发，在专利申请过程中应注意做好哪些工作？

1. 开展专利申请前评估

基于转化的知识产权申请不是要获得"荣誉专利"或"帽子专利"，申请的目的也不是评职称或是结题，所以基于转化的知识产权申请第一项工作应是专利申请前评估，专利申请前评估与专利转移转化之间有着紧密的联系。

其一，开展专利申请前评估，有利于提升专利申请质量，提高专利授权

---

❶　刘仁.“无效不掉”的专利成就“自拍神器”奇迹［N］.中国知识产权报，2018-09-12.

率。专利授权是实现专利转移转化的基本条件，通过专业的知识产权服务机构或者有经验的专利代理师的评估，将明显不符合《中华人民共和国专利法》（以下简称《专利法》）第 2 条中规定的专利保护的客体，《专利法》第 22 条规定的新颖性、创造性和实用性，以及明显属于《专利法》第 5 条和第 25 条中规定的不授予专利权的情形的技术交底书不予申请，或根据修改建议修改后重新提出申请。这样一方面有效避免了申请精力和申请成本的巨大浪费，另一方面提高了整体专利申请的授权率，有利于专利转移转化。

其二，开展专利申请前评估，有助于提升专利的价值，在专利转移转化过程中实现收益最大化。根据常规的专利价值的评估标准，一件专利的价值通常由技术价值、法律价值和市场价值共同决定，而一些发明人的科技创新成果可能具有较高的技术价值，但由于专利申请文件撰写质量的问题致使专利难以授权或授权的专利保护范围很小，无法为科技成果形成保护，或者经不起无效诉讼的市场检验，这样就丧失了专利的法律价值；或者一些科研项目是以政府项目为导向，并非以市场需求为导向，这样的科技成果即使创新程度高且具有较高的技术价值、撰写质量高且具有较高的法律价值，也会因无市场需求而无法转化。也就是说，基于专利转化目的的专利申请，必须同时拥有较高的技术价值、法律价值和市场价值，其中任一项被评估为低价值，都不利于专利的转化。而开展专利申请前评估，可以事先从专利的三个价值维度对科技成果进行评估，淘汰明显的低价值专利，提升专利转化过程中的价值。

总之，申请前进行评估可以减少无效申请和低质量专利的数量，从而汇聚更多的人财物等资源支持高质量专利的培育和转化。当前，国内的政策大环境已向高质量专利培育转变，有助于提高技术经理人对高校、科研院所专利的筛选。而国外很多大学早已在专利转移转化中嵌入专利申请前评估，通过对科技成果进行专利申请前评估，提升专利申请质量，促进专利的转化与运用。例如，斯坦福大学通过建立技术许可办公室（OTL）进行知识产权管理，其每年专利申请量仅为 800 件左右，但技术许可办公室累计受理公开的发明专利超过 8300 项，有效发明 2700 件，其中超过 3000 件签订许可合同，许可费总收入累计达 10.3 亿美元。技术许可办公室还在 152 个公司持有股份，股份折合收益达 3.59 亿美元。东京大学的 TOUDAI TLO 负责专利申请和技术转移，TOUDAI TLO 2010 年接收到的发明公开 648 件，申请国内专利 426 件，国际 431 件，签订技术转移合同 286 件，收益 21.18 亿日元。截至 2011 年，共许可技术 2191 件，收入 41.5 亿日元。[27] 和国内大学相比，这些国外大学每年的专利申请量并不高，但其专利转化率非常高，通过专利转化有效实现了专利的价值，充分说明了这些国外高校技术转移机构的重要地位以及开展专利申请前评估的必要性。

2. 明确专利权属

专利权是指专利所有权人对特定的发明创造在一定期限内申请专利后，依法享有的独占、实施、许可、转让的权利。高校、科研院所背景的科技成果转化团队或企业所形成的职务发明专利面临的专利权属问题更为显著一些。根据《专利法》的规定，发明和实用新型专利权被授予后，除《专利法》另有规定的以外，任何单位或者个人未经专利权人许可，都不得实施其专利，即不得为生产经营目的制造、使用、许诺销售、销售、进口其专利产品，或者使用其专利方法以及使用、许诺销售、销售、进口依照该专利方法直接获得的产品；外观设计专利权被授予后，任何单位或者个人未经专利权人许可，都不得实施其专利，即不得为生产经营目的制造、许诺销售、销售、进口其外观设计专利产品。

可以看出，专利权的归属对专利的转化来说，决定着谁可以享受转化收益或者如何分配转化收益的问题。尤其对高校、科研院所专利申请而言，它们存在大量的职务发明，这些职务发明应合理利用国家鼓励科技成果转化的政策，创造条件让职务发明的产权清晰分割，为后续的转化扫清权属障碍。

2020 年 2 月，《教育部、国家知识产权局、科技部关于提升高等学校专利质量促进转化运用的若干意见》（教科技〔2020〕1 号）发布，该意见在提出专利申请前评估的同时，明确了产权归属与费用分担问题：允许高校开展职务发明所有权改革探索，并按照权利义务对等的原则，充分发挥产权奖励、费用分担等方式的作用，促进专利质量提升。专利申请评估后，对于高校决定申请专利的职务科技成果，鼓励发明人承担专利费用。高校与发明人进行所有权分割的，发明人应按照产权比例承担专利费用。不进行所有权分割的，要明确专利费用分担和收益分配；高校承担全部专利费用的，专利转化取得的收益，扣除专利费用等成本后，按照既定比例进行分配；发明人承担部分或全部专利费用的，专利转化取得的收益，先扣除专利费用等成本，其中发明人承担的专利费用要加倍扣除并返还给发明人，然后再按照既定比例进行分配。专利申请评估后，对于高校决定不申请专利的职务科技成果，高校要与发明人订立书面合同，依照法定程序转让专利申请权或者专利权，允许发明人自行申请专利，获得授权后专利权归发明人所有，专利费用由发明人承担，专利转化取得的收益，扣除专利申请、运维费用等成本后，发明人根据约定比例向高校交纳收益。

此外，为了促进科技成果转化，国家也出台了鼓励科研人员创业的相关政策，其中提到了职务成果相关方面的要求。例如，2017年3月印发的《人力资源社会保障部关于支持和鼓励事业单位专业技术人员创新创业的指导意见》（人社部规〔2017〕4号）提到："创业项目涉及单位知识产权、科研成果的，事业单位、专业技术人员、相关企业可以订立协议，明确权益分配等内容。"

因此，具有高校、科研院所背景的科技成果转化团队或企业通过合理利用这些科技成果转化的相关政策，与单位尽快明确待转化科技成果职务发明中高校与发明人的权属，这样有助于更快地熟化科技成果，导入创投资本，激发团队科技成果转化的积极性。

3. 选择优质的知识产权服务机构

在经过专利申请前评估确认可以申请的专利，专利所有权人应选择优质的知识产权服务机构处理专利申请及后续事宜。那么，什么是优质的知识产权服务机构？为什么要选择优质的知识产权服务机构？

先说什么是知识产权服务机构。这里的知识产权服务机构并非仅指知识产权代理机构，而指集知识产权代理、信息分析、专利导航、高价值专利培育、诉讼无效、价值评估、技术转移等知识产权全链条为一体的知识产权服务机构。而优质的知识产权服务机构甚至可以从研发前期就介入，在科技成果产出、专利申请与专利转化的每一个阶段，都配备专业的团队提供各项专业服务，且流程便于统一把控和监督，有望通过整个流程最大化为科技成果赋能服务。

为什么要选择优质的知识产权服务机构？回答这个问题之前，首先要明确为什么选择知识产权服务机构。因为在现实专利申请过程中，一些申请人辛苦研究的科研成果往往只为报一两件专利拿到专利申请号或授权证书，并未意识到专利的质量与专利转化之间的关系，因此亲自撰写专利申请文件；也有一些申请人申请专利就是为了保护或者将来的转化，但可能出于申请成本的考虑或者对代理机构的水平认知不足，会不选择代理机构或选择没有资质的代理机构或黑代理人。这些情况对专利的转化均是非常不利的，可能由于专利申请文件中存在的各种形式问题或实质问题，导致技术方案被公开但无法获得授权，或者即使授权但保护范围过小失去保护价值，无法用于侵权诉讼或专利转化。从专利转化的角度看，一项科技成果从产出到申请专利再到专利转化，每一个环节都需要专业的团队支撑，发明人则应着眼于做好研发及科技成果产出这一环节的工作，用专业研发能力保证技术的创新度。专利申请和专利转化这两项工作建议交由专业机构去做，例如，专利申请选择专利代理机构，专利转化选择知识产权运营机构或技术转移机构；当然，也可以选择集专利代理与专利运营两项功能为一体的知识产权服务机构。

优质的知识产权服务机构可以从创新端入手，在科研项目早期就介入，可通过信息分析或专利导航为科研项目提供研发思路。在科技成果产出阶段再通过信息分析或专利导航为科技成果进行专利收集并提供专利布局方案。在专利申请阶段通过高质量的申请文件撰写与审查意见答复为每一件专利技术方案提供高标准的授权及最大化的保护范围。在授权之后的阶段，又可以通过专业的技术转移服务以许可、转让、质押融资等专利运营方式使授权专利实现其价值，让创新端的专利权人真正享受到科技成果带来的经济效益。

4.1.3 其他方式赋能

通过对科技成果的二次开发，进一步熟化了科技成果，通过对科技成果的知识产权赋能，使科技成果得到了法律保护和清晰的产权界定，这些活动从本质上说，都可以清除科技成果转化的技术障碍、法律障碍。但是，正所谓"莫言下岭便无难，赚得行人空喜欢。政入万山围子里，一山放出一山拦"。经过二次开发、知识产权赋能后，科技成果转化道路上仍有阻碍，所以，在前面两种赋能方式的基础上，本节尝试阐述一些其他的赋能方式。

4.1.3.1 团队优化

团队中最重要的人物自然是领头人，如张一鸣之于今日头条、袁胜春之于诺瓦星云。科技成果转化与商业模式创新有一些不同之处，商业模式是把一种服务想到了、想明白了，如推荐引擎、网购平台，而科技成果则是把一个产品的终极目标想明白且通过技术开发去攻克它，如通过光、电、图像处理技术去提高显示屏的图像质量和寿命。它们的共同之处在于要把产品或模式做到极致，做到全国前列甚至全球前列。这就不仅需要领头人，还需要一个良好的核心团队。例如，西北工业大学科技成果整体孵化出的科创板上市企业西安铂力特增材技术股份有限公司（股票代码：688333）中的三位重要人物——折生阳、黄卫东及薛蕾，他们三人就是铂力特创业团队中的核心。

那么，什么样的人可以做领头人？一般来说，复合型人才是首选，既懂技术也懂市场是最好的。因为所有的成果都是直接或间接满足人的需求。在满足人的衣食住行娱等方方面面都有很多伟大的公司，也有很多的创业机会。退而求其次，一个能在单方面有优势且善于听取不同意见、善于发现人才的领头人也非常好，反映到科技成果创业领头人身上，在技术上有优势，且善于在市场、产品研发、财务等方面听取不同意见、善于发现人才用好人才就不错。

核心团队成员应具备哪些素质？个人品行与团队合作一样重要。忠实勤勉、尽职履责是个人品性；团队合作的要素，则包括知识结构的互补、能力的多样化、团队协作的和谐化。此外，还有两方面的工作要做，所谓"一阴一阳之谓道"，虚的方面，从转化角度审视团队结构，如引入知名教授与知名企业家的指导或背书；实的方面，做好利润分配方案的设计，根据各自岗位与贡献作事先的约定，同时保留小部分待分配份额，以留有弹性。

当然，领头人与其他核心团队成员之间的民主与集中问题是管理上的一个难题。这个问题关系重大，很多科技成果转化团队最终分道扬镳，许多公司不能走远，在这上面栽跟头的案例不少。这就要求技术经理人介入后应保持和领头人与核心团队成员的深度接触，发现领头人的特质，根据领头人的特质状况和核心团队成员的特点，采取不同的沟通方式、提供不同的增值服务，与他们一起沟通，做好分工，必要时引入新的团队成员。团队优化的目的主要是保持一个良好的合作关系，向着共同的科技成果转化目标而携手努力。

4.1.3.2 检验检测

创业投资方或成果需求方"相中"科技成果或成果转化团队之前，一定会做很多审慎的调查工作，相当于拿着放大镜看科技成果本身及转化前景。此时，如果能通过一些认证认可、检验检测、试验验证，将有效提升科技成果的转化估值，增强科技成果转化团队和外部投资人的信心。技术经理人应当在技术保密的前提下积极推动检验检测工作。检验检测此时相当于信贷时的增信措施。考虑保密性因素，应选择第三方检测机构。从代表企业来看，国内企业，有综合型机构（华测检测认证集团股份有限公司、谱尼测试集团、广州广电计量检测股份有限公司等）、细分型机构（中国国检测试控股集团股份有限公司、苏州电器科学研究院股份有限公司、深圳市安车检测股份有限公司、钢研纳克检测技术股份有限公司、中国电器科学研究院股份有限公司、许昌开普检测研究院股份有限公司等）。国际企业，如法国国际检验局（Bureau Veritas，BV）、瑞士通用公证行（SGS）、英国天祥集团（Intertek），这几家均为综合型机构。

4.1.3.3 项目申报与成果报奖

在科技成果形成早期，研发试验经费不足是多数科技创新产品共同面临的问题。科技项目申报成功或获奖能帮助转化团队获取科技资金，降低成果二次开发与转移转化中的成本。其一，科技项目的申报、科技成果报奖都与检验检测类似，相当于信贷时的增信措施；其二，项目申报成功与成果获奖直接提升科技成果的估值。这两者都有助于待转化的科技成果获得政府与投资方的认可，因此，在保密的前提下，团队应积极推动科技项目的申报与科技成果报奖工作。奖项的高低不是最重要的，最重要的是参评并获奖。

例如，西安巨子生物基因技术股份有限公司前期成长主要依靠不断的科研项目申报与成果获奖支撑团队、投资方的信心，为科技成果的成功产业化赢得了宝贵的资金与时间。1999年，团队首席科学家、中国生物化工专业首位女博士范代娣自美国访学归来，回到母校西北大学从事"重组胶原蛋白"的研究工作。在范教授的带领下，西北大学50余位博士和教授组成的科研团队通过基因工程与生物工程对人胶原蛋白基因进行重组转化制备，成功研发了独有专利技术成分重组胶原蛋白，并将其命名为"类人胶原蛋白"，革命性地提升了胶原蛋白的安全性和有效性。2000年，范代娣成立西安巨子生物基因技术股份有限公司，初创员工仅为3人；2002年，范教授的科技项目获科技部"火炬计划"支持；2004年，获国家发展和改革委员会高技术产业化示范工程项目支持，"一种类人胶原蛋白及其生产方法"获得国家发明专利授权；2008年，按照《药品生产质量管理规范》（GMP）标准，工厂建设完成，可丽金类人胶原蛋白系列产品上市。正如西安巨子生物基因技术股份有限公司基础研究总监段志广博士所说，"不管是零售消费行业，还是主流媒体，大家越来越认可'科技创新'对于企业发展的底层核心价值"。[28]由此可见，科技项目申报与成果获奖对科技成果转移转化的重要价值。

总之，经过对科技成果不同方式与途径的赋能，科技成果的成熟度大大提高，使产品的实现成为可能，寻求创投入股、企业对接以及银行贷款的概率迅速提高。可能在赋能之前无人问津、出价只有几千元的科技成果经过这些赋能措施，估值将迅速提升。

4.2　科技成果的推广

广告、销售促进、公共关系、人员推销是传统的商品推广手段。科技成果不是以普通商品形式存在的，所以不完全等同于传统的商品推广手段。科技成果转移转化不同于普通商品买卖，它需要供需双方的相互欣赏、密切合作、付出时间与情感，而不仅是商品与货币的交换。结合目前的科技成果转移转化实践，这里将从营销视角，首先介绍科技成果这种技术商品与普通商品有何不同，接着重点介绍科技成果的项目推广和人员推销两种推广手段。

4.2.1　营销视角下技术商品与普通商品的异同

一项科技成果要花费开发者诸多的时间、精力，以及相关各方投入的巨量资金，甚至其背后可能凝结着整个实验室数十年科技人员共同的积累。"十年磨一剑、一朝来转化"绝非诳语，但要让其成为商品、拿出来转化并创造市场价值也并非坦途，不能"人在实验室，坐等转化对象找上门"，因此，在论述科技成果推广之前，不妨先从营销视角，探讨技术商品与普通商品的异同。

4.2.1.1　技术商品与普通商品的共同点

技术商品与普通商品都是商品，都是劳动产品。作为劳动的结晶，当其所有者将其拿出来与其他人的劳动产品进行交换时，商品必须以其社会属性——劳动产品中包含的价值量来衡量，则劳动产品就转化为可交易的商品，而货币是商品交换的一般等价物，商品与货币的交换是正常的交换关系。

4.2.1.2　技术商品与普通商品的不同点

从营销视角看，技术商品不同于普通商品，它与普通商品有如下几点不同。

1. 交易后权限可能不同[29]

普通商品是实物商品，交易后买方获得了商品的使用权与所有权，但技术商品的买方可能获得使用权，不一定获得所有权，如专利许可，即便同时获得所有权，技术商品中的隐含知识仍需要卖方的进一步服务。

2. 生命周期不同

普通商品在使用中，自然寿命与商业寿命相差不大[29]，但技术商品的自然寿命与商业寿命可能相差很大，技术的更新速度要快于普通商品。例如，著名的摩尔定律告诉我们，每个新的芯片大体上包含其前任两倍的容量，每个芯片产生的时间都是在前一个芯片产生后的 18~24 个月。如今，这个定律已成为许多工业对性能预测的基础。

3. 定价不同

普通商品一般是童叟无欺，不同客户一个价格，而技术商品的价格则视转化对象转化能力的不同而有所不同，也因权利的不同而不同，例如，普通许可、独占许可、排他许可、从属许可、交叉许可的价格均不一样。相对普通商品，技术商品的估值与定价都比较困难。于是，有些技术开发者害怕贱卖自己的技术，选择创业。例如，西安电子科技大学天线与微波技术重点实验室的肖良勇教授一直觉得教授应该走出一条市场化道路，将科技成果与实际需求相结合，并在退休之后创立了西安海天天线科技股份有限公司，后来在香港联合交易所上市。这相当于将科技成果进行自我定价，实现从卖技术到卖产品的转化。

4. 交易形式不同

普通商品的交易形式一般是批发、零售，而技术商品的交易形式可以是技术开发、技术转让、技术服务、技术许可、技术咨询、技术引进等。[29]此外，技术创业也是技术交易的一种特殊形式。

5. 售后服务不同

普通商品的售后服务一般是有质量问题再服务，而技术商品的售后服务是一种长期服务，只有充足的售后服务，才能让客户消化这一技术、实施这一技术，甚至需要供需双方的密切配合，才能将一项技术嵌入买方的产品或生产线。

6. 情感因素运用不同

普通商品的营销情感因素运用较多，需要给顾客一个想象空间，往往借助于明星代言、广告、活动赞助等方式；技术商品的营销，由于要嵌入生产线，实现一定功能，往往十分看重质量，质量差一点就无法达到使用目的，所以，理性因素较大。

7. 营销对象不同

普通商品营销的对象是工业企业、商业企业和消费者，其中，消费者是主要对象；科技成果这种技术商品营销的对象却是工业企业与投资人，一般不直接针对商业企业和消费者。

4.2.2　项目推广

随着互联网、多媒体技术的进步，科技成果的呈现摆脱了传统 PPT 的展示，三维动画、场景模拟等新兴展示形式逐步得到应用，现场路演、网上直播、会议展示等不同的推广方式异彩纷呈，技术经理人可灵活运用并在其中起到枢纽作用。

4.2.2.1　路演推广

路演最初是指证券发行商通过投资银行家或者支付承诺商的帮助，在初级市场上发行证券前针对机构投资者进行的推介活动。路演是在投资、融资双方充分交流的前提下促进股票成功发行的一种重要推介、宣传手段，它可以促进投资者与股票发行人之间的沟通和交流，以保证股票的顺利发行，并有助于提高股票潜在的价值。路演现在泛指通过现场演示的方法，演示产品、推介理念，及向他人推广自己的公司、团体、产品、成果、理念的一种方式。路演有两种基本功能：一是宣传，让更多的人知道你；二是可以现场销售，增加目标人群的试用机会。[30] 基于这两点，路演成为科技成果重要的营销方式。根据路演的场所不同，可细分为载体路演和活动路演，前者如孵化器路演、产业园路演，后者可以是挑战赛、创新创业大赛等。

如前所述，普通商品营销的主要对象是消费者，科技成果这种技术商品营销的对象却是工业企业与投资人。科技成果路演的本质，就是让工业企业与投资人相信，"我的成果正是你要找的"，或者说"基于本成果的创业是值得你投资的"。基于这一本质，科技成果路演最基础的"四梁八柱"是：成果开发人是谁？成果可以干什么用？成果转化的难点是什么？引来的资金怎么使用、怎么退出？

成果开发人是谁？路演时要用简洁精练的语言概括成果开发人的专业背景与研发经历，尤其是成果主持人、关键成员的经历，让成果需求方和投资人有一种震撼与踏实感。由于从成果转化为产品，产品中融合的学科与技能比科技成果要更为全面、综合，因而交叉学科型人才和团结的团队更受青睐。

成果可以干什么用？科技成果与普通商品不同，普通商品的营销中需要给顾客一个想象空间，情感因素运用较多，但科技成果的真正价值在于解决产品缺陷、解决软件的问题、拓宽应用的场景、提升产品的性能，可以跟消费者讲情怀，但不能跟成果需求者讲情怀，实用好用是科技成果的重要品质。这正是现场演示的重要功能，在现场展示中，可以让成果的功能充分展示。例如，某超宽带雷达芯片在路演中说，"该芯片应用于物联网、智能家居、智慧城市等领域，通过超低功耗、高等效采样技术，实现长续航、小体积、高精度应用需求，使产品具有感知和探测环境的能力，探测精度小于1厘米，探测距离大于

10 米"❶。成果的功能充分展示之后，还可以对成果进行估值，目前的估值方法很多，但路演时要用简洁明确的语言告诉听众。

成果转化的难点是什么？在展示科技成果转化的路径、存在的问题、需要的支持和转化的时间的同时，要不失时机地去为成果需求者和投资人构图，展示成果背后的技术壁垒和在行业中的竞争力。例如，某超宽带雷达芯片在路演中说，"当前的难点在于现有芯片从硬件封装到软件平台都尽可能与客户之前使用的国外芯片相兼容，这需要扩大公司的工程师团队，延长测试验证的时间，芯片从流片到能兼容的商业化使用大约需要 6 个月时间"。

引来的资金怎么使用、怎么退出？所谓财政之消耗一去不复返，而金融之流循环不息，创投资金进来发挥它的功效后，将成果转化团队送到一个新的发展平台，然后退出进入下一轮的投资中，如此，则资金的增殖循环不息。所谓新的发展平台就是成果熟化为一个有市场竞争力的商品，销售收入快速增长，利润额上升，公司满足上市条件或被大的公司所并购。

4.2.2.2　直播推广

路演推广是现场演示，直播推广则是网上演示，如果成果成熟度较高，也可以采取"直播推广＋互联网竞价"的方式直接对接供求双方。例如，2020年 5 月 11 日，第二届长三角 G60 科创走廊科技成果线上拍卖会举行，30 个科技成果项目 1 小时拍得 1.39 亿元。❷

直播推广是一种新兴的科技成果展示方式，在网上可以让意向需求者反复观看并留言或交谈，较少受时间、空间的限制。由于直播需要演播室、摄像机、推流机及直播的专业技术人员，建议成果方与技术经理人充分利用政府公共服务平台，如政府背景的技术转移中心、科技大市场以提升推广效果。

---

❶　西安某芯片初创公司商业计划书。

❷　孟旭 . 长三角科技成果"直播卖"［EB/OL］.［2022-03-20］.http：//xhv5.xhby.net/mp3/pc/c/202005/12/c773984.html.

4.2.2.3　展示推广

展示推广包括科技成果展览会、产业推广交流会等以展品、推广材料为主的推广活动。科技成果展示交易活动也是重要的成果供求双方见面的形式之一。如果是线下举行，与路演一样是面对面，如果是线上举行，与直播推广类似。不一样的地方在于，展示推广重在展览展示，供求双方都比较自由，沟通比较轻松，需方在展示现场有充分的比较、分析、决策时间。

4.2.2.4　参观推广

由于科技成果产生于实验室或中试车间，因而可以邀请科技成果需求方、投资方、贷款方参观实验室或中试车间。如果有样品，可以让他们在实验室或中试车间感受样品的生产过程，如果有试验验证的环境，可现场操作，进行科技成果的试验验证。这些实地的感性认识，有助于增强科技成果需求方、投资方、贷款方的信心，当然，这种方式必须谢绝拍照、采取各种方式保障技术秘密。

无论是哪种推广形式，文字材料必不可少，现场演示、实物模型、现场试用等都是对科技成果的感性认识，文字材料是理性认识，会增强受众对科技成果的理解，增加科技成果的可信度，使推广更容易成功。

4.2.2.5　技术经理人在其中的作用

技术经理人在科技成果的路演、直播、展示、参观等形式的推广活动中应该起到两个重要作用：其一，技术经理人是推广活动的总设计师，与科技成果研发团队成员沟通，指导成果介绍的三维动画、场景模拟和演示文稿的设计，全方位展示成果的价值，同时要保障成果的核心技术秘密；其二，技术经理人可担任网上推广的主播和现场路演、参观推广的演说者。技术经理人主要的工作是同人打交道、研究人与人的关系，而科技成果研发团队主要同物打交道、研究物与物的关系，因此，发挥技术经理人的长处，是强化技术经理人与研发团队合作关系的基础。

4.2.3　人员推销

人员推销是一种古老又长盛不衰的推销方式，大小公司都配备一定比例的销售队伍。对科技成果而言，成果的所有者委托技术经理人拜访银行与创投寻找自我转化的资金、拜访意向企业寻找成果承接方都是一种销售过程，都是一种典型的人员推销方式。菲利普·科特勒将商品与服务的人员推销划分为七个阶段，即寻找潜在顾客鉴定他们的资格、准备工作、接近方法、讲解和示范表演、处理反对意见、达成交易、后续和维持工作。[31]科技成果的人员推销与之类似，也可以分为这七个阶段，只是每个阶段的称呼、主要工作应与普通商品推销有所差异。

4.2.3.1　银行接洽

1. 寻找潜在银行

我国银行主要有国家开发银行、中国进出口银行、中国农业发展银行三大政策性银行，工、农、中、建、交、邮储等国有商业银行，中信、华夏、平安等股份制商业银行，北京银行、上海银行、西安银行等城市商业银行以及农村金融机构和其他金融机构，但不是所有银行都有科技成果转化方面的业务。寻找银行，一方面，要看其是否设立科技金融性质的金融机构，例如，科技金融服务中心、科技支行等机构；另一方面，看是否能做投贷联动。投贷联动是指银行业金融机构以"信贷投放"与本集团设立的具有投资功能的子公司"股权投资"相结合的方式，为科创企业提供持续资金支持的融资模式。2016年4月发布的《中国银监会、科技部、中国人民银行关于支持银行业金融机构加大创新力度 开展科创企业投贷联动试点的指导意见》（银监发〔2016〕14号）明确规定，国家开发银行、中国银行、恒丰银行等全国性银行可根据其分支机构设立情况在北京中关村、武汉东湖、上海张江、天津滨海和西安等五大国家自主创新示范区内开展试点；浦发硅谷银行可在现有机构和业务范围内开展试点；北京银行、天津银行、上海银行、汉口银行、西安银行、上海华瑞银行可在设有机构的国家自主创新示范区开展试点。

2. 准备工作

技术经理人应了解银行的科技贷款评审细则，有针对性地准备信贷资料（各家银行评审细则类似，但其中的参数设置不一），确定拟访问目标银行，思考通过哪种途径，如熟人牵线、前辈带领或毛遂自荐，以何种方式，如私人拜访、电话访问、电子邮件访问。如果是私人拜访或电话访问，访问的时机需要把握好，尤其是初次拜见。本书第2章中介绍的科技成果调研相关内容也可以参考。

3. 接近方法

技术经理人应知道初次与银行经理交往时如何会见和问候，以便使双方的关系有一个良好的开端。正如营销学所提示的那样，一般要注意仪容仪表、开场白和随后的谈话内容，谈话时要注意让对方多阐述观点，以便了解该银行对科技成果类贷款的想法和做法，有针对性地展示放贷给己方的安全性、流动性与效益性。

4. 讲解和示范表演

在商品与服务营销领域，有关讲解和示范表演的 AIDA 范式[31]，即 attention（注意）、interest（兴趣）、desire（欲望）、action（行动），技术经理人可参考这一范式，注意在介绍成果可以干什么、应用在什么领域等特点的同时，关切银行业绩的考核点。

5. 处理反对意见

银行对贷款是极度审慎的，有人说银行是拿着放大镜看贷款项目，有一点瑕疵都被银行放大，也有人说银行是开当铺的，必须得有充足的抵押甚至是押上贷款人的全部身家银行才肯贷款。银行往往会对科技成果类贷款进行严格评审，银行方面的反对意见会比较多，这需要技术经理人做好心理准备，心思缜密地将对方的异议化解，并通过熟悉银行的绩效考核体系找到放贷的理由。

6. 获得贷款

技术经理人必须懂得如何从银行经理那里发现可以获得贷款支持的信号，包括银行经理的神态、口气、动作、提出的问题。重新强调给予贷款支持对银行有何好处、贷款的质押担保有何补充途径，也可以给予一些不违规的好处，如率先试用样品。

7. 后续和维持工作

市场经济讲究互惠互利。要与银行建立持续的关系，后续的开户、对公账户的现金管理、应收账款管理等业务优先考虑贷款银行，这是对银行对科技成果首贷支持的回报，也是科技成果方与银行维持关系的重要途径。督促、协调成果更好地转化或转移，构建一个有安全垫的还款资金池是顺利完成贷款偿还的必由之路，也是技术经理人在银行界建立声誉的不二法门。

4.2.3.2　创投接洽

1. 寻找潜在创投

诸多国家级文件和知名业界人士都看好创业投资在高新技术产业化中的重要作用。创业投资能增加科技成果转化企业的股本，将增加的股本作为财务杠杆，能引导商业银行信贷发放并增强企业内部员工和外部产业链上下游的信心。对技术经理人来说，寻求创投支持也是对科技成果转化的一份重要工作。目前，我国创投的机构格局是少量的有核心能力的、大型综合创投机构和大量的在某一个领域进行投资的小而美的创投机构。有一类特殊的倾向于科技成果转化项目的创投基金可供优先考虑，它们的资金来源于政府引导基金和国家大基金（一般以有限合伙人身份存在）。截至 2019 年底，中国政府引导基金的数量已经超过 1700 支，目标规模已达到 10 万亿元，已到位的资金规模 4.69 万亿元。上至国家级，下到省区市，都相继设立了创投引导基金，而且这些引导基金多数都具备母基金的性质。[32] 陕西省也于 2013 年成立科技成果转化引导基金，以设立创业投资子基金、科技贷款风险补偿和绩效奖励等方式，支持在陕西省实施的科技成果转化，促进科技创业和科技型中小企业发展。

2. 准备工作

创投机构的主要业务围绕"募投管退"来展开，因此，技术经理人应了解创投机构的项目评审细则，有针对性地准备各类资料（商业计划书、对创投退出的初步设想、企业发展规划），确定拟访问目标创投，原则上该目标创投在本行业有投资案例。思考通过哪种途径，如熟人牵线、前辈带领或毛遂自荐，以何种方式，如私人拜访、电话访问、电子邮件访问。如果是私人拜访或电话访问，访问的时机需要把握好，尤其是初次拜见。要注意的是，创投与银行贷款的主要关注点不同，银行贷款主要基于"三性"，即流动性、效益性、安全性，因为贷款资金的来源是短期的存款，所以银行贷款的期限以中短期为主，在追求效益性与安全性的同时保持流动性，而创投虽与银行贷款一样谨慎，但更关注中长期。例如，成果应用的行业是不是创投所熟悉的？这个行业有哪些潜在风险？这个行业的市场容量有多大？扩展性如何？持续性如何？成果中试后的效果如何？成果转化后的产品是试销还是试销完成即将开始量产？这个行业的上下游厂商都是谁，垄断性如何？科技成果转化以后能否形成技术壁垒？等等。创投一般希望看到的是一个巨大的市场空间，或者是一个成长非常快的细分市场，并且希望成果转化后的产品有较强的技术壁垒。总体来说，创投有比银行更长远的考虑、更长的等待时间，这个时间甚至长达 8—10 年，创投在某种意义上具有培育孵化功能。

3. 接近方法

技术经理人应知道初次与创投经理交往时如何会见和问候，以便使双方的关系有一个良好的开端。正如营销学所提示的那样，一般要注意仪容仪表、开场白和随后的谈话内容，谈话时要注意让对方多阐述观点，以便了解该创投对本科技成果应用领域和所在行业的想法和关切点，并进一步认识该创投对项目评审的要求，商谈入股的市盈率倍数，注意过低的市盈率倍数并不利于公司的发展。

4. 讲解和示范表演

在商品与服务营销领域，有关讲解和示范表演的 AIDA 范式[31]，即 attention（注意）、interest（兴趣）、desire（欲望）、action（行动），技术经理人可参考这一范式，注意在介绍成果可以干什么、应用在什么领域等特点的同时，关切创投业绩的考核点，例如，退出的通道、孵化时间长短、增值空间大小。当然也可以提供个人的善意提醒以增进感情，加强双方联系。

5. 处理反对意见

创投对被投资项目是极度审慎的，有人说，创投看重的是团队，一旦人靠不住，经不起市场的摔打，再好的科技成果也无济于事，这是很多创投不敢轻易投资科技成果转化早期项目的重要原因之一。也有人说，创投更在意拟投资项目的细分市场，如前所述，创投一般希望看到的是一个巨大的市场空间，或者是一个成长非常快的细分市场。与银行一样，创投方面会提出很多的疑惑，去支持不投资该项目，这需要技术经理人做好心理准备，并心思缜密地将对方的异议化解，并通过熟悉成果、市场、行业、各类第三方测试、市场订单、领头人的创业经验等为创投找到投资入股的理由。

6. 获得创投入股

技术经理人必须懂得如何从创投经理那里发现可以获得投资入股的信号，包括创投经理的神态、语气、动作、提出的问题。要强调非常希望能与创投共同成长、确保创投的退出通道、打通科技成果转化各环节、化解转化难题的信心。这些心理引导对来自创投的投资协议签订非常重要。

7. 后续和维持工作

市场经济讲究互惠互利。要与创投建立持续的关系，好的创投公司一般是融资与融智并重，创投公司的人脉、已投资企业、对行业的洞察与分析等，都是科技成果转化项目的重要依靠。后续的业务经营中，吸收创投力量，也是增强创投信心、运营成果转化项目的一个基本点。这也是技术经理人在创投界建立声誉的一种途径。

4.2.3.3　意向企业接洽

1. 寻找意向企业

如果成果研发团队找不到合适的成员带头创业，那就需要寻找意向企业来承接团队成果。接下来就要面临到哪里去寻找意向企业的问题。首先，对本行业的主要企业，研发团队一般是清楚的，但是对适合本成果的细分行业企业，研发团队未必很清楚；其次，对技术的应用方向能否跨界应用，跨界到哪个细分行业去应用，研发团队也未必清楚。因此，技术经理人需要通过以熟悉企业寻找陌生企业、行业协会、查阅各种资料（如国内外上市公司的年报与公告、国家企业信用公示系统等）、政府科技或工信部门、科技大市场等方式来寻找与科技成果相匹配的成果承接企业。

2. 准备工作

技术经理人应了解意向企业的情况，例如，意向企业需要什么科技成果、它的知识产权管理状况、公司的专利策略、谁主导企业的专利布局等。然后，有针对性地准备科技成果资料，确定拟访问意向企业，思考通过哪种途径拜访，如熟人牵线、前辈带领或毛遂自荐，以何种方式拜访，如私人拜访、电话访问、电子邮件访问。如果是私人拜访或电话访问，访问的时机需要把握好，尤其是初次拜见。可以说，虽然每家企业的知识产权战略不一，但构筑知识产权壁垒，提升企业产品技术含量的目标是一致的。

3. 接近方法

技术经理人应知道初次与意向企业经理交往时如何会见和问候，以便使双方的关系有一个良好的开端。正如营销学所提示的那样，一般要注意仪容仪表（由于彼此都是企业，穿着可尽量与企业经理一致）、开场白和随后的谈话内容，谈话时注意让对方多阐述观点，以便了解该企业承接科技成果的想法和做法。

4. 讲解和示范表演

在商品与服务营销领域，有关讲解和示范表演的 AIDA 范式[31]，即

attention（注意）、interest（兴趣）、desire（欲望）、action（行动），技术经理人可参考这一范式，注意在介绍成果可以干什么、应用在什么领域、能为企业的专利布局、专利运营和技术升级带来什么好处的同时，关切企业业绩的关键绩效指标考核点（企业的经济利益）。当然也可以提供个人的善意提醒以增进感情，加强双方联系。

5. 处理反对意见

企业对应用到本细分行业中的科技成果是感兴趣的，但对其能否为企业创造价值、创造多大价值有疑惑，这需要技术经理人做好心理准备，并细致地将对方的异议化解，并且要保障科技成果的核心技术秘密不被公开。

6. 获得意向企业的承接

技术经理人必须懂得如何从企业经理那里发现可以获得成交的信号，包括企业经理的神态、语气、动作、提出的问题。要强调购入该科技成果对企业经理的个人考核有何好处，对企业产品的技术升级和知识产权布局有何裨益。

7. 后续和维持工作

市场经济讲究互惠互利。技术经理人不妨为科技成果研发团队与企业之间的联系铺路架桥，增强双方的互信，让企业成为科研团队科技成果的试验验证场所，让科研团队成为企业的第二研发中心和技术指导者。

值得一提的是，无论对银行、创投，还是企业，在人员推销的这七个阶段，处理反对意见是最难的一关，在否定意见的高压场合下，如何熟练应对是需要训练的。技术经理人的目标是促成交易，显然，我们不是强迫交易，也不是祈求交易，但我们要对银行、创投和科技成果需求的意向企业的种种刁难、种种否定予以充分理解，我们不是去争论对与错，而是去达成交易，所有的交易必须是共赢的，至少从当时的预期上来讲。

第5章　技术转移中的谈判与合同

> 如果只想独霸世界而不能学会给盟友分蛋糕，我们就是成吉思汗，就是希特勒，就将以自己的灭亡为下场。不舍得拿出地盘来的人不是战略家。❶
>
> ——任正非

　　谈判的目标是达成合作，签订并履行技术转移合同。充分且专业的谈判可以有效地保证技术转移合同文件的全面与完善、保障合同的顺畅履行并且可以有效防范相关法律风险。本章从谈判的语义入手，论述了谈判对技术转移的意义，重点介绍了谈判前和谈判各项工作的内容、注意事项，简要介绍了谈判完成后合同签订和履行需要注意的事项。期待能提升技术经理人的谈判组织和管理能力，有效辅助技术经理人以及技术转移各方主体有序进行技术转移谈判、合同签订和履行等工作。

---

　　❶　任正非．任正非内部讲话：最好的防御就是进攻［EB/OL］．［2022-03-10］.https://mp.weixin.qq.com/mp/appmsg/show?__biz=MTI0OTM2NDUwMQ==&appmsgid=10003185&itemidx=1&sign=f9b5e407b55898430f7c8d25ba029a4d&mpshare=1&scene=1&srcid=&sharer_sharetime=1672194470339&sharer_shareid=93b885adfe0da089cdf634904fd59f71#wechat_redirect.

5.1　为什么要谈判

5.1.1　谈判的含义

5.1.1.1　谈判的语义

"谈判"一词非中文固有词汇，它是对英语"negotiate"的翻译。这一翻译完美地表达了英文的含义，又遵循了汉语构词的规则。

谈判由"谈"和"判"两个动词按照联动型构词方法组成，即先谈后判。谈是为了判，判以谈为基础。这里需要注意的是，与谈判相近似的词汇还有"协商""洽谈""商谈"等，但谈判更加侧重于为了达到一定目标。"我们通过对汉字'谈'与'判'的字义剖析，仍然可以体会到东方人的智慧在这个问题上的表现。汉代许慎的《说文解字》对'谈'字的解释如同'谈'字本身由'言'字旁加上'炎'而成一样是'纵言也'，即并非一般地说、讲、聊、侃。而'判'字的构成是在立刀旁加一个'半'字，它的原意是'部分'与'评断'。由此，我们不妨可以把汉语'谈判'一词的原意理解为：人们为对某事物剖分和评断而好好放开地去说。"❶

因此，谈判可以被理解为：为达成各自目标的两方或多方就各自为实现己方目标所需达成的条件表达己方意见，各方就他方意见判断是否认可、同意的过程。

5.1.1.2　谈判的法律含义

法律没有关于谈判的明确定义。但是，《民法典》第 471 条至第 489 条对

---

❶　张晓豪 . 左右谈判［M］. 西安：西安交通大学出版社，1999：2.

要约邀请、要约、反要约、承诺进行了详细的规定，可以有助于我们从法律层面理解技术转移谈判。

以技术转移为例，从形式上来说，各技术转移平台、高校、科研院所、技术转移机构等通过各种形式和途径发布的技术转移信息以及产权交易平台、拍卖机构发布的科技成果竞价、挂牌、招标、拍卖信息，均属于要约邀请，还不属于谈判的范畴。要约是一方向另一方提出交易条件，一方发出要约后，其他方对部分或全部要约不认可而提出反要约，如此反复多轮要约和反要约的交替发出。在这一过程中，各方对部分要约或反要约达成一致，即一方对另一方的要约表示认可，对要约的认可即为承诺。

谈判就是提出交易条件，即发出要约，属于"谈"的范畴。对方接受交易条件，即承诺，决定接受的过程即属于"判"的范畴，或者提出不同于对方交易条件的新的条件，即发出反要约，又属于"谈"的范畴。

要约一经承诺即合同成立。因此，不论是要约还是承诺，当事人均应当谨慎对待。谈判就是通过充分的"谈"和"判"，使当事人作出的要约和承诺更符合各自的真实意思表示，更符合各自的合同目的，更有助于交易最终完成。通过充分且专业的谈判，可以有效地避免或者减少当事人在缔结合同之后产生争议的可能。因此，充分的谈判非常必要。

5.1.1.3 谈判的形式

谈判是谈判所涉各方的参与者在表达己方意见或者接收他方意见的同时争取相互理解，使各自相对方理解己方真实意思的过程。只要能够实现谈判所要达到的效果，形式可以不限。

因此，谈判可以通过口头方式、面对面、电话、视频会议等进行，也可以通过函件、邮件等书面方式进行。可以一对一、一对多、多对多。可以由当事人直接进行，亦可经由中间人、代理人进行。

需要注意的是，技术经理人在谈判中既可能是某一方的代表或者谈判组成人员，也有可能是中间人，还可能是某一方的代理人。在组织或参与谈判的过程中，要注意灵活把握谈判形式。一个项目的谈判，每一轮谈判的形式可能都不同。当然，不同的谈判形式可能产生不同的谈判效果，因此，需要谨慎确定谈判形式。总的原则是：通过谈判形式的选择促进实现谈判目标，兼顾谈判效率。

5.1.2　技术转移谈判的内容

5.1.2.1　确定技术转移合作细节

如果谈判不能充分地解决合作所涉各项工作的细节，在合作过程中可能会发生履行障碍，届时各方仍需要进一步协商。这不仅影响项目推进效率，更有可能产生争议甚至造成各方信任关系受到影响，更有甚者，可能迫使合作不得不终止，进而产生法律纠纷。因此，谈判的目的不仅是达成合作，更重要的目的是通过充分谈判使谈判成果即合同及相关附件等文件具有可操作性，保证合作所涉各项工作能够顺畅履行，尽可能避免产生争议。

技术转移项目本身具有复杂性，即使是较为简单的技术转让或者许可，也存在诸多需要确定的交易细节。这是技术转移中技术的复杂性、技术转移管理的特殊性、法律规定的复杂性以及技术相关行业的独特性等决定的。因此，技术转移谈判首先要解决技术转移合作的细节。技术经理人应当结合科技成果具体情况，如技术领域、知识产权情况、当事人情况、行业及产品情况、技术转移方式以及相关法律和政策等充分研究，协助当事人梳理合作所需注意的具体事项，并将此作为谈判议题。

5.1.2.2　确定各方具体责任

合作细节一经达成一致并在合同文件中明确约定后，即表现为各方的权利或义务。技术转移项目的成功实施依赖于各方履行各自义务，但不得不承认的是，由于各种主客观因素，项目实施过程中难免会发生某一方或者多方未按照合同约定履行的情况，使项目受到不同程度的影响。这是守约方不愿看到的，也可能会因此产生一定损失，更不符合各方合作的初衷。

确定各方具体责任，是指明确任何一方未按照合同约定履行其义务（逾期履行或者拒不履行）所应承担的不利后果。通过谈判明确各方责任有助于通过科学、合理设定违约的不利后果，给义务方施加压力，如果不希望承担不利后果，那么就要履行其义务。确定责任也是为了明确如果确实发生了违约，守约方可以提出具体明确的诉求，有助于解决各方争议。

实务中，很多技术转移项目的合同在违约责任处仅简单约定"依照相关法律法规处理""守约方有权追究违约方的法律责任"或者"违约方应当赔偿守约方损失"等诸如此类的内容，并未对违约责任作出明确清晰的约定。这相当于未约定违约责任，追究违约责任时，将可能面临诸多不便或不利情形。然而，为了更加具体明确地设定违约责任，应当结合合作细节中具体事项并研判该事项如果逾期履行是否会对合作产生影响以及产生的影响大小，同时还应考虑如果不履行将产生何种影响、各种影响可否预估损失等，从而做到义务方义务与违约责任对应设置。唯有结合合作细节审慎地设定明确具体的违约责任，才能使双方在合同履行过程中惮于承担违约责任而尽力保证合同的适当履行，并且使守约方在追究违约责任时能够做到追责有据。

5.1.2.3 确定争议解决相关事项

争议解决涉及适用法律、解决方式、管辖、争议解决成本承担等内容。合同存在涉外因素（如当事人为外国法人、非法人组织或自然人，履行地在外国等）的情况下要考虑适用哪一个国家或地区的法律，不存在涉外因素的情形下，则不需要考虑适用法律问题。

争议解决方式有协商、调解、诉讼或仲裁。协商是在发生争议后首先要考虑采取的争议解决方式，很多争议都是通过当事人之间自行协商解决的。但协商的前提是争议各方均愿意协商，无法强制，在合同文件中约定或者不约定均对当事人协商无影响。因此，这一解决方式在谈判中可以不作为议题。调解是由法院、仲裁机构、人民调解组织、双方均认可的其他机构或者个人居中解决双方争议。调解具有一定的专业性，可以解决当事人无法通过协商解决的部分争议。调解也无法强制进行，需以自愿为前提，但如果谈判中能够就调解相关事项进行约定且发生争议后当事人均愿进行调解，调解可能有效解决各方争议。因此，建议将调解相关事项作为谈判的议题。诉讼或仲裁均是由一方提起，争议其他方被动参加（如不应对，将按缺席处理）且生效裁判文书具有强制执行力的争议解决方式。诉讼和仲裁各有优劣，需要根据具体项目考虑可能涉及的法院、拟选择的仲裁机构的同类争议解决的经验和水平以及相应的费用成本等。由于技术转移项目涉及商业秘密、具有一定的技术和行业专业性，而仲裁以不公开审理为原则，且仲裁员专业和行业背景较为广泛，越来越多的当事人选择仲裁解决争议。但这并不意味着选择诉讼就不利于解决争议，诉讼也存在很多优点。不过，这两种方式不能同时选择，不能并用。如果希望通过仲裁解决争议，则在争议解决的约定中不能有任何关于诉讼的约定，否则，仲裁条款将有可能被认定为无效，最后只能通过向人民法院起诉的方式解决。因此，选择诉讼或者仲裁作为争议解决方式应当作为技术转移谈判的议题。

管辖即确定具体哪一法院或仲裁机构解决争议。如果确定诉讼作为争议解决方式，则可约定被告住所地、合同履行地、合同签订地、原告住所地、标的物所在地等人民法院管辖，如果不约定，则只能按照《中华人民共和国民事诉讼法》之规定向被告所在地或合同履行地人民法院起诉。约定管辖可以在综合考虑可能的成本、法院的经验和水平等因素的前提下争取对己方有利或者对争议公平、公正解决有利的管辖法院。如果选择通过仲裁的方式解决争议，则必须明确约定一家仲裁机构。这里需要注意的是，商事仲裁机构与劳动争议仲裁机构不同，但是很多当事人将两者混淆，在约定时切不可约定某一劳动争议仲裁机构，仲裁机构必须是实际存在的。由于技术转移项目的专业性和复杂性，建议选择具有良好声誉并有相关专业的仲裁员的仲裁机构。

争议解决成本涉及诉讼费或仲裁费、财产保全费 ❶、鉴定费、公证费、律

---

❶　此处注意：办理财产保全可能会产生保险费或者担保费，亦应当明确约定。

师代理费等为解决争议所产生的支出。技术转移项目的特点决定了很多技术转移争议的争议解决成本较高。如果不明确约定，可能会造成胜诉方要自行承担除诉讼费或仲裁费、保全费、鉴定费之外的大部分成本，因此，建议明确约定这些成本应如何承担。

综上，争议解决事项关乎争议能否有效解决，需要作为技术转移谈判的重要议题。但是这一部分涉及复杂的法律问题，前述内容仅对重要或常见问题进行了简要介绍，建议在谈判时该部分议题由各方的律师、法务人员参与。

5.1.3　技术转移应当充分谈判

5.1.3.1　不存在无谈判的技术转移

不存在无谈判的技术转移听起来很绝对，但对于真正的技术转移项目，确实如此。无任何谈判，完全由一方确定交易条件、合同内容的所谓的"技术转移"都是伪技术转移，其目的均不是实现技术转移本来应要达到的目的。试想，技术转移任何一方均有自身所关注的问题，例如，价款及支付、知识产权、科技成果的范围等，这些问题不可能在一方提出后被其他方全部欣然认可，必然会存在"讨价还价"的磋商过程。

虽然技术转移必然会经历谈判，但是这并不意味着走了谈判的过程就解决了技术转移项目所涉及的全部问题。从一定意义上来说，技术转移谈判不可能做到面面俱到、完全充分。实际上，技术转移项目的谈判也都是不够充分的。这一方面是由技术转移本身的复杂性（技术复杂性、后续研发的不确定性、项目实施能力的不确定性、具体行业的复杂性以及实施过程中客观情况的不确定性）决定的，另一方面是由当事人或者技术经理人的经验和能力决定的。从目前来看，后者造成技术转移谈判不充分的情况居多。这也表明，由具有丰富经验和高超水平的技术经理人参与技术转移是十分必要的。

5.1.3.2　谈判不充分的后果

谈判不充分并不必然会对技术转移项目实施造成影响。但是，项目实施遇到障碍、产生争议、发生纠纷的，究其原因均是因谈判不充分造成的。

谈判不充分意味着未对项目实施所涉及的工作之细节提前做好安排。事实上，未经充分谈判的很多事项均可通过协商解决，但协商过程意味着新的时间、人力和物力投入以及前期投入的暂时闲置，轻则影响项目推进，重则影响当事人决策（一方当事人有可能放弃合作，或者提出对方难以接受的条件而使合作无法继续推进）。虽然经过协商解决了项目实施障碍，但还有可能造成一些机会成本的增加，例如，影响相关政策的申请、与新的意向合作方（特别是后期融资）达成合作等。

如果就各方责任、争议解决等未充分谈判，可能影响争议解决效率、效果，或者承担高额的争议解决成本。

5.2　谈判前的准备

有序、高效、充分的谈判离不开充分细致的谈判准备工作。技术经理人应当协助服务对象做好相关准备工作。高质量的谈判准备工作有助于各合作方信任基础的建立和增强，进而有助于各方开诚布公，互谅互让，共同为实现合作目标而充分协商项目所涉及的各个细节。

5.2.1　组成谈判小组

5.2.1.1　确定组成人员

技术转移项目的复杂性和综合性决定了一两个人难以胜任全部谈判工作，因此，需要根据具体工作确定在该方面具有经验和能力的人员来参与谈判。谈判小组成员由多人组成有助于在谈判出现僵局时灵活回旋。技术经理人参与技术转移项目的，应当为服务对象就谈判小组人选确定提供符合项目实际的建议。

对项目各方来说，技术、法律专业人士是必不可少的。可根据项目具体情况，确定其他需要参与谈判的人员。在确定人员时，如果人员和成本均允许，建议在一项主要分工下确定至少两名人员，如此既可增强决策的正确性，又可避免其中一人因客观情况无法参加谈判而影响谈判工作的推进。

5.2.1.2　明确各自分工

谈判准备工作繁多，需要根据各成员的专业、经验背景科学确定各自分工。如不进行分工，或者分工不明确，必然会造成准备工作不充分，后期谈判将有可能陷于被动局面，无法保证谈判效果和合同文件的质量。

确定分工不应僵化、条块分割。技术转移是系统工程，技术转移谈判的准备工作以及谈判工作也是系统工程。因此，各司其职、各尽其责只是最基本的要求，每个人的工作成果可能是其他人分析、判断、决策的依据。特别是总负责人更是需要所有人为其提供信息和意见。因此，在分工时还应确定工作成果互通机制。

5.2.2　信息收集、整理和判断

信息是决策的基础，掌握信息的充分度决定了决策的准确性。在谈判中争取主动、通过谈判取得对己方有利的交易条件、决定是否继续进行谈判等均离不开掌握充分的信息。谈判虽然是为了合作，但合作各方均存在各自的利益诉求，因此，少不了"明争暗斗"的较量。谈判实质上是各方信息获取能力、处理能力、判断能力的综合较量。

5.2.2.1 主体相关信息

充分把握拟进行谈判的主体相关信息，不但有助于判断合作风险，而且有助于准确确定己方交易条件。严格来讲，初步接触后，即应当进行这方面的信息检索、分析，对存在信用明显较差的意向合作方，没有必要与之进行谈判。但是在这一阶段，很多当事人，特别是成果完成人，不具备这方面的意识或者信息检索、分析能力，因此在确定进行谈判后，需要配备有法律专业背景和经验的人员或者技术经理人对这一方面信息进行全面、充分的收集、整理和判断。

信息收集的范围包括但不限于基本信息（成立时间、股东和董监高信息、核心技术人员信息、资质等）、风险信息（诉讼和仲裁信息、执行信息、行政处罚信息、失信信息等）、知识产权信息（专利、商标、著作权等信息）、社会评价信息（供应商或客户的评价、员工的评价、政府或行业协会的评价）以及实际控制人、主要管理人员行事风格信息，等等。如果是自然人，可首先根据其手机号、身份证号等收集可能涉及的涉诉信息、个人网络信息，对其个人信用、性格特点等进行判断。

信息收集的渠道包括但不限于企查查、天眼查、启信宝、裁判文书网、中国执行信息公开网、巨潮资讯网、行业主管部门或协会官网、专利数据库、搜索引擎、意向合作方官方网站、微信公众号以及其他自媒体平台，等等。

信息收集时需要注意各渠道交叉运用，如果对收集到的信息存疑，应当尽可能通过进一步有针对性地收集信息进行验证。无法验证的重大事项需列出清单，以待在后续工作中向相关当事人询问、要求其提供证明材料、尽职调查或者出具承诺解决。

信息收集后应当进行整理。重大风险信息、对己方有利信息、对己方不利信息、对合作有利或者不利的信息、需进一步验证的信息，等等，需要结合信息收集情况和具体项目情况进行梳理，以有助于判断风险或者确定交易条件。

信息判断对信息处理人员能力要求非常高，高度依赖于经验。信息判断能力决定决策的准确性。因此，需要对信息进行综合分析，依据经验和知识储备进行判断。信息判断很难做到完全准确，但是对存在重大失信行为、明显不具有履约能力信息的意向合作方，据此决定不与之谈判，较为稳妥。

5.2.2.2　技术和行业信息

技术和行业信息对技术需求方来说具有重要意义。由于技术转移意味着技术应当具有一定的先进性，但技术需求方在技术方面存在一定弱势，因而即便具有拟转让技术及相关行业的经验，也需要对技术及行业进行较为充分的研究，以便确定合作前景以及是否进行合作。

当然，技术方也应当对拟转让技术相关的技术和行业信息进行充分了解。很多成果完成人的研究仅局限于自己研究的狭窄的技术领域，对其他相关行业的了解并不充分，但技术的应用、产业化涉及技术和行业的方方面面，不充分了解相关信息难以准确判断拟转让技术的价值，无法为谈判提前准确分析己方的优劣势。

专利信息的检索分析是一个可以较为集中获取技术和行业信息的方式。通过专利检索分析有助于判断技术的先进性、该技术领域的主要市场主体等。专利检索分析具有高度的专业性，需要技术经理人团队配备专业人员或者协助服务对象聘请专业机构。全国中小企业股份转让系统（新三板）所披露的公开转让说明书、企业年度报告以及北京、上海、深圳证券交易所披露的招股说明书、年度报告等，也是可公开获取的技术和行业信息渠道。此外，对技术和行业信息分析应当主要侧重在技术的先进性、未来市场竞争力、市场前景、拟合作方在行业中的地位、主要潜在竞争对手等方面。

5.2.2.3　法律法规信息

技术转移经理人团队或者技术转移各方当事人需要配备专门的人员熟悉《促进科技成果转化法》、《中华人民共和国民法典》（以下简称《民法典》）的合同编（特别是该编第一分编通则和第二分编技术合同部分）、《中华人民共和国公司法》（以下简称《公司法》）、《专利法》，这些为进行技术转移应当掌握的最基本要求。如果没有能够满足这一基本要求的人员，则需要考虑聘请专业人员作为顾问。

需要注意的是，即便是长期从事法律工作的人士，也不可能了解全部法律法规。尤其是技术转移项目会涉及相关行业的专门法律法规，这些规定可能关系到技术转移合同的生效要件、项目实施相关备案或审批及所需满足的条件以及与此相关的成本等重大事项。因此，即便配备专门的法务人员或者聘请了律师或者其他具有丰富法律经验的人士作为顾问，也需要这些人员对技术转移合同的签订和生效、项目实施相关的专门法律法规进行检索、整理，并在此基础上依据相关规定梳理出谈判需要解决的议题。

5.2.2.4　政策信息

政策信息需要注意技术转移相关政策、拟转移技术所属产业相关政策以及目标项目可能适用的普适性政策。

鼓励性或者优惠性政策，可能为技术转移当事人或者目标项目带来预期收益或荣誉，或者某些成本会递延。各地方的政策往往存在差异，这可能对确定项目实施地产生影响。这些最好在谈判时进行充分沟通，并在相关文件中明确如何安排。

限制性政策可能会增加项目实施成本或者影响未来市场前景，值得注意的是，对未来市场前景的影响不一定是消极的，也有可能因政策所要求的较高市场门槛而使竞争对手有限，从而可能会有很好的市场前景。因此，需要结合具体政策相关内容进行充分论证，判断该项目的可行性。

禁止性政策直接决定该领域无法进入，导致技术转移在该领域无法实施。

政策具有一定的不确定性。有时存在有地方政策但尚无国家政策，而之后出台的国家政策与地方政策不一致的情形；有时存在各地方政策可能存在较大差异的情形；还可能存在后出台的政策与以往政策有根本性差异的情形。因此，政策所带来的项目实施的不确定性（特别是作为一项风险因素）对项目实施的影响需要提前研判，并在谈判过程中作为一项重要议题。

5.2.2.5 对方谈判小组人员信息

谈判总是需要具体人员来实施，对方参加谈判人员的个人性格、学习和工作背景、成长经历、专业能力、沟通能力、近期状况都有可能影响谈判的效果，甚至会决定谈判是否能够成功。了解这些信息，有助于较快地建立基本的互信，促进谈判工作的推进。因此，应当尽可能对前述几方面的信息进行收集、掌握。正所谓"知己知彼，百战不殆"。

收集前述信息一般情况下均存在难度，并且信息量和信息的准确性往往不足以支持形成一个准确的判断。但聊胜于无，即使能够形成模糊的画像，可能也有助于后期工作。在谈判过程中，要通过接触进行感受、判断，动态评估每位成员对谈判工作的影响（影响力大小、影响是积极的还是消极的）。

5.2.3 保密协议

技术转移一般会涉及商业秘密，如技术秘密、经营秘密的披露。谈判结果存在不确定性，但谈判所需的很多商业秘密信息或资料是在合同签订前披露的。信息披露方就必须要面对谈判未成功而对方掌握了己方的商业秘密这一风险。很多情况下，合作各方互为商业秘密的披露方。对于披露方来说，及时要求签订保密协议是非常必要的。当然，即使为单纯的商业秘密接收方或者不在意己方商业秘密的保护，主动向对方提出签订保密协议以保护其商业秘密，也是合作诚意的一个表现。

5.2.3.1 签订保密协议的时点

签订保密协议的时点以披露商业秘密前为宜。很多当事人在披露商业秘密后才想到要签订保密协议，这将给商业秘密泄露、窃取、不当使用以及后期的维权带来风险。

5.2.3.2　签订保密协议的注意事项

保密协议应当明确商业秘密的范围。如果商业秘密能够具体化、明确化，可对商业秘密信息以及保密资料、物品等在保密协议或其附件中列出清单。如果难以具体化，则应当以文字对保密信息进行界定。

保密期限不宜约定具体期限。如果约定具体期限（特别是较短的期限），则有可能期限届满后相关保密信息仍有商业价值。尽管有案例认定当事人不会因保密期限届满而对仍属于商业秘密的信息不再负有保密义务，但谨慎起见，建议约定保密义务应当持续至相关保密信息成为公开信息、不再属于商业秘密之日。

保密协议应当约定违约金。商业秘密的泄露往往意味着竞争优势和潜在独家合作机会的丧失，而这种损失难以被准确计算、证明。因此，披露方几乎无法举证证明因商业秘密被泄露、窃取、不当使用而产生的全部实际损失，如果不约定违约金，则其主张赔偿时将面临举证不能的风险。确定违约金的金额无法做到准确，需要对接收方违反保密义务可能给披露方造成的最严重后果所产生的损失进行估算，在这一估算的基础上以这一估算值作为参考值与接收方协商确定违约金金额。

要注重保密协议签订后履行过程中的风险防控。披露商业秘密时，应当以适当的方式声明保密并采取适当的保密措施。纸质保密材料应当标注保密标识，电子文档应当加密，电子邮件应当在邮件中声明需要保密的内容，等等。

5.2.4　谈判准备

谈判可采取多种形式，对于以会议的形式（现场会、视频会、电话会或者其他方式）进行的谈判，由于涉及多方共同即时进行，涉及的议题一般较为重大、复杂，需要在谈判方面进行充分准备。下文介绍的谈判准备涉及的事务，可根据具体谈判形式灵活确定是否必要。

5.2.4.1 制定谈判策略与方案

谈判小组应当在信息收集、整理、判断的基础上，初步确定技术转移的方式、价款或收益分配、各方权利义务等，根据己方优劣势、对方优劣势等情况确定谈判策略，并按照小组成员的分工确定谈判方案。谈判策略和方案可在每一轮谈判后根据复盘情况确定是否进行修正。

5.2.4.2 沟通谈判议题

每一轮谈判前均应当提前沟通谈判议题，以保证各方能够做好准备，提高谈判效率。

5.2.4.3 沟通各方参加人员

确定每次谈判参加人员，这既有助于确定或修正谈判策略和方案，也有助于准备会议记录。对于现场会议，还会涉及准备桌牌和现场介绍。

5.2.4.4 沟通谈判形式、时间或地点

谈判形式会影响谈判效果，各方参加人员的日程安排、人数会影响时间、形式和地点的安排。因此，这些事项亦需要提前沟通，确保能够按照计划进行。

5.2.4.5 准备谈判资料

应当提前确定己方资料（包括需向其他方提供的和不需向其他方提供但己方所需的资料）、需要向其他方索取的资料、需要现场分发或者通过投影仪展示的资料，等等。

5.2.4.6 落实谈判所需的设备、物品

如果需要使用投影仪，需提前确认投影仪是否可正常使用。如果需要其他物品或者设备，亦需提前备好。此外，要提前准备会议记录需要的计算机。

5.3 谈判

5.3.1 谈判的基本原则

5.3.1.1 互信

互信是谈判成功以及后续项目实施的基础，谈判各方应当注意在谈判过程中逐步建立并增强互信关系。建立互信的首要前提是己方诚信，提供信息或资料应当保证真实、准确、充分，陈述不得虚假，提出交易条件或者反驳对方意见应当合理有据。当然，诚信并不意味着要僵硬地保持前后意见一致，即使是之前同意的条件，也可以因交易方式调整、其他交易条件变更、客观情况的发生等需要与其他方协商调整，只要做到合理有据、开诚布公即可。

5.3.1.2 谨慎

建立互信在一开始只是一方的"一厢情愿"，能否建立互信、是否已建立互信也需要对方诚信，但是，对方是否诚信是难以判断的。因此，在己方诚信的同时，也应当保持谨慎。己方提供资料或信息应当根据谈判所需，不能不充分，但同时不可"过多地"提供信息，并且也需要判断是否要向对方提出条件，如有必要保留部分资料，可声明已提供非全部资料或信息。对方提供的资料或信息的真实性要尽可能通过可行的渠道验证。一旦发现对方可能存在不诚信行为，可根据具体情况采取暗示、明示、中止或终止谈判等措施。

5.3.2 谈判记录

5.3.2.1 记录

谈判记录有助于整理谈判成果、准备下一轮谈判、作为合同文件起草的参考或依据。发生争议后，谈判记录还可能作为解释各方权利义务、确定相关方责任的证据。因此，应当对谈判进行记录。

记录的方式可手动记录、计算机记录、录音或录像记录等，出于礼节可在谈判前沟通会议记录的方式、具体负责人员等事项。录音或录像因存在查找特定内容的不便，建议仍需整理出文字。

5.3.2.2　各方认可

谈判记录应当通过某种方式取得各方认可，否则将无法作为证据使用。纸质记录应当由全部参会人员签字确认。电子文档原则上应当打印并由参会人员签字。因某些情况未能或者不能通过打印签字的方式确认的，应当及时通过电子邮件发送给各方并告知如有异议应于一定期限内提出。录音、录像等方式记录因音频、视频文件存在被剪辑的可能，建议将会议内容整理成文字版，通过电子邮件的方式与对应的文字记录一并分别发给各方，并明确告知如有异议可在一定期限内提出。

5.3.3　多轮谈判

很多技术转移项目，特别是重大复杂的项目，一轮谈判无法解决所有议题，有时可能仅同一个议题就需要多轮交换意见。因此，一个项目经历多轮谈判是非常普遍的。多轮谈判更需要做好谈判管理工作。

5.3.3.1　基于谈判已沟通内容确定后续谈判要解决的问题

对于经谈判达成一致的议题，可准备与之相关的议题作为后续谈判要解决的问题。对于谈判已经讨论但尚未达成一致的议题，需要与相关方沟通再次就该议题讨论如何安排，并提前准备好谈判方案。对于谈判尚未讨论的议题，要及时根据谈判进展情况确定好后续安排。

5.3.3.2　及时调整谈判策略

谈判是一个动态过程。随着谈判的进行，各相关方均获取了新的信息，相互对对方的合作诚意、交易条件等存在动态评估。每一轮谈判可能都会使某一方愿意接受的交易条件发生变化。因此，一轮谈判结束后，要结合此前谈判成果、获取的新信息、其他方谈判的具体表现等，进行综合评估、判断，需要调整谈判策略时，应当及时进行调整。

5.3.4　谈判摩擦与阻滞

5.3.4.1　谈判摩擦及处理

谈判摩擦是指谈判方之间在谈判过程中发生的争执与对抗，可表现为争吵、突然离场、以终止谈判相威胁，等等。造成谈判摩擦的原因很多，有意或无意的言语或行动的冒犯、表达失当或不准确、错误理解、过分条件、未遵守之前承诺、不提供应当提供的材料或信息、准备工作不充分、谈判效率低下等，均有可能造成谈判摩擦。有的谈判摩擦确实因分歧较大造成，而有的摩擦可能就是一方出于谈判策略故意为之。

出现谈判摩擦后，应当及时分析造成摩擦的原因，并有针对性地采取处理措施，必要时可中止谈判。技术经理人在服务过程中应当时刻保持理性，积极化解摩擦，如果从摩擦可预判出相关方存在不诚信、交易条件无法接受等情况，则需要与服务对象沟通是否终止谈判。有的谈判摩擦需要由技术经理人或者其他可以居中协调的人进行斡旋处理，在确定斡旋处理人员时要考虑首先不能是造成谈判摩擦的人以及对方明显对之不具有好感的人。

5.3.4.2　谈判阻滞及处理

谈判阻滞是指谈判无法有效推进。有的谈判阻滞是因摩擦造成的，有的是因某项议题一直无法达成一致，有的是因客观原因（如疫情管控），有的是因某一方或某一谈判人员客观上无法参加谈判，有的仅仅是因为纯粹的工作低效。

同样，处理谈判阻滞需要准确分析造成阻滞的原因，针对阻滞原因对症下药。谈判阻滞可能使某一方产生机会成本，也可能增加谈判失败的风险。对于长时间无法解决的阻滞，必要时应当及时终止谈判。

5.3.5 同步起草合同文件

谈判的直接目的是就各个事项达成一致意见，形成的成果应当是完善的合同文件，从而为项目实施提供具有法律效力的依据。从产生诉讼的技术转移项目来看，当事人签订的合同文件往往均存在不同程度的缺陷。这与当事人不重视合同文件的质量不无关系。

5.3.5.1 为何要同步进行

很多人是在律师或者法务未参与谈判的情况下于谈判结束后告知律师或者法务起草合同等文件，但律师或者法务需要了解已达成一致的内容才能完成工作，由此带来的二次信息传递就难免造成信息偏差、失真和不全面，导致合同文件质量难以保证。此外，合同文件起草需要时间，复杂的技术转移项目的合同文件可能为一系列文件，工作量巨大，起草完毕后还要交各方审核、修改，甚至会就某些条款产生分歧。可见，谈判后起草合同可能会严重影响效率。

然而，如果合同文件起草工作与谈判同步进行，律师和法务及时将谈判成果转化为合同条款并运用其法律知识和经验提前为未达成一致的内容提供建议性条款，谈判后期的工作可能仅是以合同文件为基础的细节完善工作，谈判结束的同时合同文件起草完成，双方就可以着手合同文件的签订工作。这既可保证合同文件的质量，也大大提升了工作推进效率。

5.3.5.2 起草合同文件的注意事项

技术转移项目的合同不宜套用模板。每个技术转移项目均存在不同于其他项目的特殊性，且涉及的法律问题复杂，不仅要求对相关法律精通，更需要丰富的经验支撑。因此，合同文件应当交由具有一定能力的法务人员或者委托专业律师起草。简单套用模板或者由非专业人士起草，难以保证文件质量，可能因此为后续项目实施或者争议解决留下隐患。

合同文件以全面、明确为基本要求。合同文件是为项目实施、明确责任、争议解决提供依据的，因此需要全面、明确。

专业术语要准确。专业术语使用不当可能造成当事人权利与义务的根本性变化。需要特别注意存在多个类似概念时，首先要搞清楚每个概念的准确含义，然后选取最符合当事人达成一致之内容的概念。同一概念前后不得使用多个不同的表述，应当做到一致。稳妥起见，对重要术语或词汇，应当在合同中进行明确定义，为避免理解上的分歧，在进行定义时可不考虑简洁。

附件要齐全。合同文件存在附件的，首先要在合同条款中核对附件的序号是否连续、名称是否正确，以及是否与附件对应一致。

合同文件是对谈判成果的固定，因此其他注意事项可参照本章"技术转移谈判的内容"部分。

5.4　合同签订与生效

合同签订具有重要的法律意义。合同签订即意味着合同成立，无特别约定或者法律、行政法规规定的生效条件，也不存在法律、行政法规规定之无效情形的，合同成立即生效。因此，要对合同签订予以特别的重视。

5.4.1　合同签订前的准备工作

5.4.1.1　确认合同文件是否完善

合同签订前，各方可能已就合同文本的修改、完善交换多轮修改意见，但经验告诉我们，文件几乎永远达不到完美。因此，只要尚未签订，就需要多检查、核对，特别是签订前，非常有必要再最后进行一次检查。

首先需要再一次检查文本内容：当事人的姓名或名称以及其他信息是否正确，条款是否存在必须补充的内容，文字表述是否清晰，概念术语是否准确且前后一致，条款内容前后是否存在矛盾或不一致，附件是否齐备，是否存在错别字或者语法、标点符号错误，是否已加页码，等等。对于重大技术转移项目的合同文件，还要确认拟签订版本与此前达成一致的文本是否一致。

如果已打印并准备盖章或签字，应当检查每份已打印的文件文字是否清晰、页码是否连续等。

5.4.1.2　履行内部或外部审批程序

要提前确认合同签订前需要履行的内部或者外部审批程序。履行审批程序既是规范管理和风险防控的手段，又是有效避免单位内部争议造成后期合同履行障碍的方法，还是为具体项目参与人减轻责任追究风险的方式。应当履行审批程序而未履行的，则可能造成合同是否生效的争议。每个单位的审批周期可能存在差异，需要提前了解并告知相关方。

5.4.2　合同签订的注意事项

5.4.2.1　合同文本的份数

合同各方应当留存至少两份合同原件，以免因遗失、毁损、被盗等造成发生争议后无法提供原件致使复印件的真实性不被认可，给争议解决造成障碍。合同签订后履行备案或者审批程序需要提供原件的，应当根据实际需要确定原件份数。

5.4.2.2　盖章与签字

对于自然人，以签字且面签为宜。不建议只加盖签名章，以免发生争议后对该签名章的真实性不认可。如果已签字，可不加盖签名章。手印是证明签署行为真实性的加强手段，与签字可以并用，亦可只用一种方式。代理人签字的，应当留存当事人出具的授权委托书，且需确认代理人是否有签订合同之代理权限。

对于法人或非法人组织，一般情况下加盖公章或者合同章即可。法定代表人或者非法人组织负责人签字即使不盖章，亦有效，但由于我国自古以来存在认章不认人的习惯，建议在任何情况下均尽可能盖章。

合同对盖章或签字有特别约定的，应当按照合同约定处理。

5.4.2.3　日期

填写合同签订日期是一个比较细微、容易被忽视的问题。合同签订日期并非《民法典》中规定的必须约定的条款，然而，签订日期可能关系到合同成立或生效日期的认定、合同义务履行期限的确定。实践中很多合同未填写日期，造成发生纠纷后因为签订日期难以确定给争议解决造成影响。因此，在签订合同时，需要留意合同签订日期是否准确填写。

5.4.3　合同的特别生效要件

5.4.3.1　何为特别生效要件

一般情况下，合同签订即成立并生效，但法律、行政法规可能对合同生效条件有特别规定，例如，对于限制进出口的技术，技术进出口合同须履行审批程序，自技术进出口许可证颁发之日起方生效。当事人也可就生效条件作出特别约定，例如，可以正在申请中的专利获得授权为生效条件。

特别生效条件成就前，合同未生效，当事人除有权要求义务人履行生效程序之义务外，无权依据合同主张与生效条件无关的任何其他权利，也无权要求其他当事人履行任何义务。但是，法定生效条件成就前合同已履行或者部分履行，法定生效条件在合同履行过程中或履行完毕后（发生诉讼或仲裁的，应为诉讼或仲裁程序结束前）成就的，一般会认定为合同有效。约定生效条件即使未成就，依法履行了部分义务或者全部义务的，一般也不影响效力认定。

合同生效条件涉及法律问题较为复杂，建议根据具体项目情况咨询律师等法律专业人士。

5.4.3.2 促使特别生效要件成就

如果特别生效要件需要当事人履行特定程序而当事人不履行或者不按照相关要求履行造成合同不能生效，其他当事人可能因此主张缔约过失责任，要求赔偿相关损失。即使最终未因特别生效要件未成就而影响合同效力的认定，也有可能为争议解决造成障碍。

促使特别生效要件成就有助于避免因此产生争议，也有助于平稳有序地推进项目实施相关工作。因此，应当尽可能促使特别生效要件成就，避免因消极行为造成合同不生效或者其他影响。

5.5 合同履行管理

技术转移合同不同于简单的合同，其权利义务关系较为复杂，履行周期长、流程所涉及的事务专业、复杂。即使通过充分的谈判和专业、细致的合同起草工作，签订了"臻于完美"的合同，也并不意味着已经"万事大吉"。签订合同是为了履行，以实现各方合作之目的。但是，履行过程中仍存在很多合同文件无法解决的不确定性。合同一方可能因其主客观因素违约，还可能发生不能归咎于任何一方的客观情况造成合同一方或己方不得不中止履行，甚至不得不终局性地终止履行。因此，合同各方均应当加强合同履行的管理。

5.5.1　跟踪与提示

技术转移合同的履行是一项多方协同、先后有序的系统性工作。一方履行义务逾期或存在其他履行瑕疵或者未参加或不能参加其应当参加的另一方履约活动，既有可能对合同履行造成影响，也有可能导致权利义务关系或者责任认定的变化，甚至造成一方基于合同约定或者法律规定终止或者解除合同。因此，合同履行管理首要工作就是尽可能保证各方按照合同约定履行其义务。

5.5.1.1　制定各方义务时间表

根据合同约定分解各方义务，需要明确的内容包括但不限于：具体义务的履行方、其他参与方、需履行义务的内容、履行期限、需要提前准备的条件、义务履行过程中及履行后需要做的工作，如签署交接记录、备忘录、出具验收报告。

各方义务时间表不限于形式，但应当保证明确具体义务履行所涉及的详细内容。义务的履行不仅涉及单纯的义务方，还会涉及相关方的准备与配合、相关方（或与义务方一并）出具文件确认履行结果等，因此，应当通过时间表确保每项义务的履行过程均不存在具体工作的疏漏。

5.5.1.2　提示与跟踪

对于己方义务，由于很多工作需要内部协调，需要在具体义务履行前提示内部各相关部门或人员，做好准备工作，确保能够按照合同约定的期限履行。需要其他相关方参与或为接受履行准备条件的，应当提前联系各方，确定具体时间、地点、相关准备工作等。经过与合作相关方联系需要变更履行时间而该履行时间超出了合同约定的履行期限的，应当通过文件或电子邮件确认。己方可能会违约或者必将无法按照合同约定履行的，需提示己方负责人提前做好预案工作，与相关方可协商的，提示己方负责人员提前与相关方沟通协商。在义务履行前、履行中以及履行后应当跟踪每项工作进展情况，积极做好协调工作，重要履行事项应当记录，必要时由相关方确认。

对于他方义务，首先确认己方是否存在需要配合的工作，对于需要配合的工作，提示己方相关部门或人员及时完成。及时与义务方联系告知配合工作完成情况。提前联系义务方和除己方和义务方之外的其他相关方（如有），协调履行所涉及的具体时间、地点等相关具体事项。在义务方履行中、履行后跟踪每项工作进展情况，尤其注意确保义务方履行是否符合合同约定。

如果实际履行与合同约定不一致：对于己方义务，取得各方认可的，应当取得各方认可的证据（形式包括但不限于备忘录、补充协议、会议纪要、电子邮件等，但应当易于长期保存，不建议采用短信、微信等形式）；对于他方义务，应当在跟踪过程中及时提示各相关方（特别是己方）充分论证该履行行为对合同的整体履行的影响，并确认如果认可该履行行为，是否需要附加一定条件，并应取得义务方认可新附加条件的证据（形式包括但不限于备忘录、补充协议、会议纪要、电子邮件等，但应当易于长期保存，不建议以短信、微信等形式）。

如果实际履行与合同约定不一致而合同其他当事人不认可该履行行为，则构成履行障碍或违约，应当按照后文处理。

5.5.2 履行障碍处置

5.5.2.1 履行障碍

履行障碍是指因不可预见或已发生的情况，合同一方或多方不能按照合同约定履行其义务，包括义务方不能履行其全部或者部分义务，义务方拒绝履行其义务，义务方迟延履行其义务，权利方未按合同约定接受义务方履行义务等情形。简言之，履行障碍即指合同不能按照合同约定继续履行。履行障碍可能造成合同履行状态的中止，也可能造成合同履行状态停止。

造成履行障碍的原因很多，包括不可抗力、情势变更、履约能力显著降低、故意违约、疏忽大意、合同当事人以外的第三人的原因等，有可能是当事人的主观原因，也可能是客观因素。

虽然存在履行障碍对任何一方当事人的合同利益均无影响的情形，但在大多数情况下，履行障碍会对合同当事人一方或者多方的合同利益造成影响。

5.5.2.2　履行障碍处置

有的履行障碍可以通过当事人的努力予以解决并实现合同的继续履行，有的履行障碍会自然消除，而有的履行障碍则无法解决。

处置履行障碍首先需要确认合同是否对该履行障碍如何处置进行了约定。对合同已明确约定如何处理的履行障碍，在确定造成履行障碍原因或者履行障碍的实际情形符合合同约定后，按照合同约定进行处理。合同未明确约定的，需要视情形决定是否需要特别关注或者采取措施、催告、协商解决、诉讼或仲裁等策略。考虑是否协商时应当首先分析协商解决可行性、必要性以及协商所需成本（直接成本和间接成本），以及协商过程对合同目的实现的影响，并研判己方可能承担的法律责任或者可向其他方主张的法律责任，据此确定是否与相关方协商。

如履行障碍因非己方因素造成，应当及时判定己方义务如何处理（继续履行、中止履行或是终止履行）以及需要履行的约定或法定程序。

5.5.3　违约处置

违约是指合同义务方未按照合同约定或法律法规之规定履行其合同义务，而其他合同当事人有权按照合同约定或者法律法规之规定对其主张应当承担不利后果的情形。违约属于履行障碍，但并不是所有的履行障碍均构成违约，非违约履行障碍处理不当可能被认定为违约。

鉴于履行障碍与违约的界定存在一定的不确定性，违约与履行障碍的处置依赖于法律经验的运用，建议在处理时咨询律师的专业意见。大多数违约行为经过催告、协商等方式能够解决并能实现合同的继续履行。但如果处理不当，有可能引发不必要的诉讼或仲裁，甚至导致合同终止或解除，给当事人造成巨大损失。

5.5.4 证据的固定与留存

5.5.4.1 证据的重要性

此处"证据"可不局限于法律意义上的理解，凡是在相关事实发生后能够证明技术转移项目谈判、合同起草与签订、履行、履行障碍处理（催告、协商、中止或终止）、争议处理等相关事实确实发生以及事实具体内容的文件、信件、物品、电子数据等，均为证据。

证据首先是档案，是新闻报道、宣传推广、复盘、历史回顾、学术研究的素材。证据更是在具有法律意义的相关事务中要证明相关事实的依据。行政审批、行政调查、融资、尽职调查、审计、争议处理等均有可能涉及提供相关证据，证明相关事实。证据的缺失意味着不能证明相关事实，可能产生不利后果。

5.5.4.2 如何固定与保存证据

证据的固定以能够以物理载体长期保存、不易灭失、能够复制且能够证明真实性为基本要求。因此，对即时发生的事实（如技术培训、技术资料移交、通话、会议等），应当以文字记录、录音、录像等方式予以固定。短信、微信等方式不易长期保存，应通过电子邮件进行交流。对于即时发生、不便以电子邮件方式交流而进行的短信、微信交流，可在交流后整理聊天记录，如截屏或者整理成文字，通过电子邮件或者要求相关方签字或盖章确认。

证据的保存应当专人负责、建立专档并采取适当措施避免遗失、失窃、毁损。

5.6　值得借鉴的案例

5.6.1　合同应不应当解除

5.6.1.1　案号

（2016）京 0112 民初 16740 号、（2019）京 03 民终 366 号、（2019）京民申 6015 号。

5.6.1.2　基本案情

2015 年 3 月 20 日，A 公司作为甲方，与 B 公司作为乙方签订投资合作协议书（以下简称投资协议）。关于投资协议签订的背景情况，A 公司称 2014 年案外人李某 1 到 A 公司应聘，后在 A 公司从事销售工作。2014 年底，李某 1 将闫某介绍给 A 公司，闫某称 B 公司研发的防水材料国际领先，合作前景特别好，因此 A 公司决定与 B 公司合作。B 公司称案外人李某 1 自称为 A 公司的高层，通过案外人张某 1 找到闫某，称 A 公司因没有技术经营状况不好，想引进新技术，且表示 A 公司有国有企业背景，实力雄厚，故 B 公司放弃了正在与其他公司洽谈的合作，与 A 公司协商并签订了投资协议。

投资协议约定：甲乙共同设立一家项目公司，注册资本为人民币 1000 万元，其中甲方现金出资 900 万元，占项目公司 90% 的股权；乙方以"防水材料（涂料）非专利技术"出资，作价 100 万元人民币，占项目公司 10% 的股权。

投资协议还详细约定了甲方对乙方的借款及借款方式（甲方共计借款 600 万元给乙方）。又特别约定：在项目销售额达到 2000 万元后，乙方按销售额的 1% 提成，该笔提成限额为 600 万元人民币（与乙方从甲方的 600 万元借款抵消），作为项目公司对乙方的"防水材料（涂料）非专利技术"项目产品的技术补偿费。

投资协议还对产品及技术验收标准进行了详细的规定，并明确了产品达不到规定标准时的实验期限和责任分配：合同产品按《水泥基渗透结晶型防水材料（GB 18445—2001）》在施工基材表面不被破坏的条件下，经验收如质量达不到协议附录八规定的产品性质，双方应在友好协商的基础上分析原因，找出解决办法，并根据引起的原因，作如下处理：（1）由于资料错误或专家指导错误引起的，一切直接损失，包括试验分析过程中的一切费用由乙方负责赔偿。如由项目公司的责任引起的，一切费用由项目公司负责。（2）基于乙方原因合同产品经反复试验，在半年内仍达不到规定标准时，本协议解除，乙方应赔偿一切直接损失费。

投资协议签订后，双方依协议设立了目标公司 C 公司，购买了生产线及原材料进行试验，A 公司也按协议约定将 200 万元借款给付 B 公司。在履行过程中，A 公司曾多次将 B 公司提供的实验室实验产品送检测机构检测，A 公司提供的检测报告中的产品即为实验室实验生产的产品，检测结果为合格。

2015 年 11 月、12 月，A 公司与 B 公司对履行投资协议问题产生矛盾且协商未果。

2016 年 5 月，A 公司向法院提起诉讼：（1）要求解除 A 公司与 B 公司签订的投资协议；（2）要求 B 公司赔偿 A 公司试验期间经济损失 110 余万元；（3）B 公司返还 A 公司的借款 200 万元。

B 公司一审的反诉请求：A 公司继续履行与 B 公司签订的投资协议，按合同约定成立目标公司并建立一条生产线生产 B 公司已经交付给 A 公司的非专利配方"防水材料（涂料）"产品。

5.6.1.3　案例总结 ❶

（1）决定合作前尽职调查不可不重视，从裁判文书显示的信息来看，A 公司根本没有就李某 1、涉案技术等进行充分的调查，在很短的时间内就签订了相关协议，这很可能是造成本案纠纷的根源。

（2）技术标准要确定清楚，合同约定标准为《水泥基渗透结晶型防水材料（GB 18445—2001）》，而这个标准在合同签订前就有了《水泥基渗透结晶型防水材料（GB 18445—2012）》新版本，可以说本案基本的技术问题在合同签订前没注意到。更匪夷所思的是，从标准号来看，这个标准是强制性标准，合同履行过程中产品必然要适用新标准，因标准适用错误双方合同目的显然不能实现，这足以构成解除合同的充分理由。

（3）合作最重要的是要把合同文本尽可能起草完备。

5.6.2　看重技术出资项目商业利益而以巨资受让项目非技术方股权，最终项目未成功

5.6.2.1　案号

（2015）佛南法民二重字第 8 号、（2017）粤 06 民终 1234 号。

5.6.2.2　基本案情

2009 年 12 月 4 日，A 公司成立。2010 年 2 月 4 日，A 公司注册资本及实收资本由 10 万元变更为 300 万元，股东由彭某变更为彭某与刘某（彭某与刘某系夫妻关系），各占 50% 股权。

2010 年 11 月 30 日，A 公司与 B 公司全资与中国大陆设立的 C 公司签订

---

❶　皇甫晶，高全 . 技术入股：合同到底应不应当解除 [EB/OL].[2022-10-15].https://mp.weixin.
qq.com/s?__biz=MzUyMDg5OTY3OA==&mid=2247485900&idx=1&sn=a38804a51e64bebe472b3e863ed8ce
59&chksm=f9e214fdce959deba8ecaec10f2c2b25aa0800ad3ae1cc2faeaec527e20970d096ffdcb86401&token=1834
552403&lang=zh_CN#rd.

合资合同书，约定共同出资成立 D 公司，注册资本 100 万元，C 公司以专利技术和产品的形式出资，其中 Smart-Film 专利技术部分作价 30 万元，并提供价值 10 万元的产品，占 40% 股权，A 公司以现金 60 万元出资，占 60% 股权。

2011 年 6 月 30 日，陈某 1 与彭某签订股权转让合同书，约定彭某将其持有的 A 公司 40% 股权以 1800 万元转让于陈某 1，彭某同时将合资合同书约定成立的 D 公司中 24% 的股权转让给陈某 1；陈某 1 付清 1800 万元股权转让款后方代表股权交易完成；双方同意 A 公司在工商办理股权转让登记时，陈某 1 与陈某 2（陈某 1 与陈某 2 系父女关系）为股东于工商办理登记。双方同意就陈某 1 出资 1800 万元购买 A 公司 40% 股权款项作以下安排：（1）彭某领取 300 万元作个人所有；（2）用 1000 万元注册新成立一家公司（暂定名为 E 公司），以刘某名义出资 600 万元占 60% 股份，以陈某 2 名义出资 400 万元占 40% 股份的方式于工商注册登记；（3）用 100 万元注册成立 D 公司，按合资合同书执行工商登记；（4）其余 400 万元流动资金作为 A 公司、D 公司和 E 公司的流动资金，流动资金由 A 公司管理。任何一方不得以个人或者与他人合作等形式另行经营 A 公司、D 公司、E 公司经营范围内的同类业务。任何一方违约，需赔偿守约一方的一切经济损失。2011 年 7 月 8 日至 2011 年 9 月 27 日，陈某 1 先后共向刘某汇款合计 1296.8 万元。

2011 年 8 月 30 日，彭某、刘某、陈某 2 召开 A 公司股东会并作出决议，同意彭某将持有 A 公司 50% 股份转让 40% 给陈某 2，转让 6.5% 给刘某，转让 3.5% 给陈某 3，公司股东变更为刘某、陈某 2、陈某 3，法定代表人由彭某变更为陈某 2。

2011 年 9 月 5 日，F 公司成立，注册资本 1000 万元，陈某 2 出资 400 万元，占投资比例 40%，刘某出资 565 万元，占投资比例 56.5%，陈某 3 出资 35 万元，占投资比例 3.5%，刘某任法定代表人。2011 年 11 月 3 日，刘某、陈某 1、陈某 3 代表 F 公司在 B 公司作为协议相对方的投资协议书中签名约定，F 公司为新投资方，同意参与对 B 公司的投资；B 公司同意转让 30% 股份给 F 公司，同时释放在中国、美国、加拿大独家经营权及专利所有权人给 F 公司，因此，F 公司需支付权利金人民币 100 300 597 元。上述投资协议书未经 B 公司签名或盖章。

2011 年 11 月 24 日，F 公司与 B 公司签订专利转让、独家经营权转让合同书、F 公司股份转让合同书。其中，专利转让、独家经营权转让合同书约定 B 公司同意转让现在和将来拥有的包括中国、美国及加拿大在内的专利所有权、商标经营权及独家经营权给 F 公司，同意转让独家生产权给 F 公司在中国地区设置，F 公司合计需支付权利金 100 300 617 元给 B 公司；如因违约等致本合同书无效，双方则执行 2010 年 11 月 30 日的合资合同书，但合作方式更改为双方于中国境内经营的唯一公司，F 公司为独家经营商和销售商。F 公司股份转让合同书约定，F 公司现时注册资本为 1000 万元，逐步将注册资本增资到 15 000 万元，F 公司同意以 2250 万元的价格出让 15% 的股权予 B 公司。B 公司股份转让合同书约定，B 公司同意出售 30% 股权予 F 公司，F 公司应于 2013 年 6 月 30 日前付清股权款 49 504 610 元。

2011 年 11 月 25 日，F 公司向 C 公司转账 500 万元。2011 年 12 月 12 日 C 公司的会议最终达成共识，待吴某（吴某系 C 公司法定代表人）将公司发展计划书、研发计划书、专利申请计划书写好并于股东会通过后和 F 公司所有股东到台湾参观考察 B 公司后，双方再拟定和执行双方于 2011 年 11 月 24 日签订的专利转让、独家经营权转让合同书的专利技术转让和独家经营合同书。

2012 年 1 月 20 日，F 公司委托国家知识产权局专利检索咨询中心出具检索报告，检索结论为投影膜的层状结构和调光薄膜具有新颖性，不具有创造性。2012 年 3 月 25 日，陈某 2 将自己和陈某 1 与 B 公司会议的记录通过邮件转发予刘某，该会议记录 B 公司与 F 公司达成初步意向，取消股份转让合同书、专利转让、独家经营权转让合同书以及 A 公司与 C 公司的合资合同书，改为新的合作模式：F 公司于 2011 年 12 月汇给 C 公司的 500 万元，转为 F 公司收购 C 公司的股权金，股权变更后，F 公司占 C 公司 51% 股份，B 公司占 C 公司 49% 股份；B 公司不再将权利授予除 C 公司外的其他公司；C 公司技术入股 F 公司，占 19% 的股份，并授予 F 公司中国区总经销资格，委托 F 公司

全权代表在中国区进行销售。

2012年5月16日，B公司向刘某发送邮件并附上拟好的四份投资协议终止的声明书。

2012年6月15日，B公司发文F公司称：F公司在2012年3月16日尽职调查结论通知中表示暂缓转让股份合同书一事，B公司认为是F公司疑似为规避违反转让股份合同书所定应投资义务之争议，所为系移转焦点之举措。该两合同既无任何实益，B公司声明解除合同；F公司在尽职调查结论通知中表示暂缓专利转让、独家经营权转让合同书股份合同书一事，B公司认为F公司违反该合同书第2条权利金支付约定于先，B公司正式终止合约，已缴权利金不予退还。F公司如再有无权销售B公司产品，B公司将采取维权必要措施。

2012年8月，C公司向A公司出具解除合同函，具体内容如下：合资合同书签订后，C公司多次催促A公司在当地办理合资企业注册事项，A公司一直拖延，近一年半多时间内，没有办理相关成立合资公司事项，C公司从怀疑A公司能力之立场，渐渐感受是自始遭到诈骗。事实上，由于A公司拒不履行合同义务，却已屡屡对外宣称取得C公司授权、代理等，甚至误导第三人因此对A公司投资，造成C公司诸多困扰，A公司实则是以合资合同书为对外招揽投资的工具，而非真实想与C公司合作，合资合同书从来没有实际履行，A公司延误C公司开拓市场商机，造成C公司重大经济损失。特此函告A公司，立即解除合资合同书，C公司并严正声明，在D公司依协议成立前，C公司与A公司不存在所谓合作或代理关系，对于A公司以合资合同书作为对外招揽投资工具一事，如衍生诈骗等争议，请A公司自行负责。

2012年8月6日，陈某1向一审法院起诉请求：（1）确认陈某1与彭某于2011年6月30日签订的股权转让合同因无法履行而解除；（2）刘某、彭某立即返还696.8万元予陈某1；（3）A公司对上项债务承担连带赔偿责任。

A公司、刘某、彭某向一审法院提出反诉请求：陈某赔偿A公司、刘某、彭某经济损失500万元。

另查明：2012年8月10日，陈某1与刘某矛盾激化，陈某1向派出所报

警。2012 年 9 月 19 日，公安局向陈某 1 出具立案告知书，决定立案受理陈某 1
被合同诈骗案。2012 年 12 月 7 日，看守所出具释放证明书，载明刘某因合同
诈骗案于 2012 年 11 月 14 日被刑事拘留，现因证据不足，予以释放。

5.6.2.3　案例总结 ❶

（1）本案原告为涉讼技术出资项目的间接投资人，其面对复杂的项目背
景，显然事前没有对风险有充分的把握。

（2）如果股权转让合同条款完备，诉讼结果不至于如此，例如，约定就项
目相关重大事项声明与承诺，违反声明与承诺条款的合同解除权。

5.6.3　前后文件不一致，是技术出资还是货币出资

5.6.3.1　案号

（2014）深福法民二初字第 657 号、（2014）深中法商终 2637 号。

5.6.3.2　基本案情

2010 年 7 月 19 日，闵某与 A 公司签订技术入股协议书，闵某与 A 公司分
别为协议书的乙方和甲方，双方准备成立 B 公司。乙方以包括重防腐涂料、汽
车涂料、电子产品涂料等产品技术及产品应用方案作为无形资产入股公司，双
方以协商作价的方式确定该技术价值 300 万元；上述 300 万元分为两期，每期
150 万元，由甲方在本协议生效后为乙方办理实质性注资。公司成立后的注册
资本为 1000 万元，乙方占公司注册资本的 30%。

A 公司设立于 2010 年 11 月 11 日，注册资本 1000 万元，现股东包括闵某
和李某两人，其中闵某的出资额为 300 万元，占出资比例的 30%，李某的出资

---

❶　高全，王春春，徐曼曼. 技术入股：看重技术出资项目商业利益而以巨资受让项目非技术方
股权，最终项目未成功［EB/OL］.［2022-10-15］.https://mp.weixin.qq.com/s?__biz=MzUyMDg5OTY
3OA==&mid=2247484342&idx=1&sn=0d87466222787e032f4b62a414355ca2&chksm=f9e21e87ce959791a6bf0
8216f39132c8c678ffa0cc14a0623c8e248f57bfa6ca8f2d7566a92&token=1834552403&lang=zh_CN#rd.

额为 700 万元，占出资比例的 70%。

2010 年 11 月 22 日，闵某与李某签署 A 公司章程修正案，约定首期出资 200 万元，其中李某出资 140 万元，闵某出资 60 万元；第二期出资 800 万元，其中李某出资 560 万元，闵某出资 240 万元。

闵某和李某的第一期出资 200 万元、第二期出资 800 万元于 2010 年 11 月 10 日、2010 年 11 月 24 日缴存至公司账户。

2012 年 4 月 24 日，A 公司解散，清算组在清算过程中发现，A 公司的账户收到上述出资后，分别于 2010 年 11 月 16 日、2010 年 11 月 24 日向外转出 1 999 500 元、7 999 800 元，且该业务均未做账务处理。

A 公司起诉要求闵某履行出资义务并支付利息。一审法院判决：闵某应向 A 公司支付出资款 2 999 790 元及利息损失。

闵某不服，向二审法院提起上诉，二审法院判决：驳回上诉，维持原判。

5.6.3.3　案例总结 ❶

当事人之间往往会就技术入股事宜签订多份文件，可能涉及多个法律关系，因此，有必要合理说明相关文件以及多个当事人之间的法律关系（如合理利用合同的鉴于条款进行说明），尤其在当事人选择变通方式如技术入股的情形下，更应详细说明。本案当事人闵某与 A 公司签订技术入股协议书，但与公司实际控制人李某设立了目标公司，其未在相关文件中对合作主体不一致的问题加以说明，导致技术入股协议书无法作为闵某与李某设立公司的依据。

技术出资人应注意留存交付技术的相关证据。本案闵某主张以交付技术给 A 公司的方式实际履行了自己的出资义务且 A 公司批量生产出合格的涂料产品，但闵某并未举证证明自身对提供给 A 公司的技术享有知识产权、已将该

---

❶ 郭楚璇. 技术入股：前后文件不一致，是技术出资还是货币出资［EB/OL］.［2022-10-15］. https://mp.weixin.qq.com/s?__biz=MzUyMDg5OTY3OA==&mid=2247484836&idx=1&sn=72c75fbd0c56bd 8dc36d1ad63b670789&chksm=f9e21895ce9591830481cd9dd9ed43a541422c821384c296e461e9ea2e473807ed78 74f02691&token=1834552403&lang=zh_CN#rd.

知识产权转让给 A 公司并进行了评估作价，因此不能证明闵某已履行技术出资义务。

当事人采取变通方式技术入股，采取由他人代为垫付目标公司出资的方式时，应在相关文件中对该问题明确约定，说明对应的出资义务的最终承担主体。该约定虽不能对抗公司要求其履行出资义务的主张，但可在相关方之间产生约束效力。

5.6.4　涉及技术入股的多重法律问题

5.6.4.1　案号

（2007）甬民二初字第 110 号、（2009）浙商终字第 150 号。

5.6.4.2　基本案情

邬某系 A 公司股东，占有 A 公司 60% 的股权。因邬某欲转让股权，经 A 公司总经理赵某的介绍，胡某表示愿意购买。2006 年 11 月 14 日，胡某、邬某签订股权转让协议，约定：邬某将持有的 A 公司 60% 的股权转让给胡某；转让价格为 709 200 元，由胡某在协议签字生效后三日内一次性付给邬某；邬某根据协议约定，在胡某支付完股权价款后三日内，协助胡某办理股权交付和工商变更登记手续，并向胡某移交其在 A 公司的出资证明书等及财务文件，直至股权转让完成日等。2006 年 12 月 6 日，胡某向邬某支付股权转让款 709 200 元，邬某于同日出具收条一份。2006 年 12 月 6 日、9 日，邬某分别将 A 公司财务、资料、合同、法人章等移交给新的出纳等人。2007 年 2 月 28 日，邬某向胡某及 A 公司发函，要求尽快办理工商变更登记手续。3 月 25 日，邬某发出律师声明，再次催促胡某及 A 公司办理工商变更登记手续。但双方至今未办理工商变更登记。A 公司因未参加年检，已于 2007 年 11 月 22 日被吊销营业执照。

5.6.4.3　案例总结 ❶

（1）这一诉讼涉及技术出资的多个法律问题：技术出资形式、技术出资是否不实、技术出资不实的责任承担、技术出资相应股权的转让、技术评估责任认定。可见，技术出资在法律上有其本身的复杂性，应当慎而又慎。

（2）问题之所以成为问题，一方面是因技术出资本身的复杂性，另一方面是因当事人对其认识不足。如本案法院所指出的，"由于当事人囿于法律专业知识，在技术所有权、独家使用权、无形资产等术语的表述上存在混乱情况"，在相关方权利义务以及相关法律责任等方面均未进行充分而细致的约定，显然是造成本案诉讼的主要原因之一。

（3）本案还隐含一个需要注意的问题，本案诉讼实际上是公司因股权变更而实际控制人变更后，公司起诉原股东履行缴纳出资之义务。虽然新旧控制人之间恩怨对错无从明了，但是从前后所涉股权转让来讲，这个诉讼至少给我们一个警示：股权受让方需对目标公司及股权所涉重大事项进行充分尽职调查；股权转让方亦需通过法律文件充分避免诉讼风险。

5.6.5　法院对技术转让合同解除条件的适用予以严格规范

5.6.5.1　案号

（2013）苏中知民初字第 0275 号、（2016）苏民终 811 号。

5.6.5.2　基本案情

2010 年 4 月 19 日，A 公司与 B 大学签订涉案技术转让合同。2011 年 3 月 28 日，双方签订涉案专利实施许可合同作为前述技术转让合同的补充，将技

---

❶　高全，郭楚璇.技术入股：这是一个涉及技术入股多重法律问题的最为典型的诉讼案例［EB/OL］.［2022-10-15］.https://mp.weixin.qq.com/s?__biz=MzUyMDg5OTY3OA==&mid=2247484896&idx=1&sn=e78840081160a9f8b9c0ff9ba110080a&chksm=f9e218d1ce9591c73f5b1560a40b30c4638b5a6fd3c723a0942d58e48c28022a389fc2b9d7b6&token=1834552403&lang=zh_CN#rd.

术转让合同中所述的三项专利技术许可 A 公司独占使用。

2013 年 3 月 7 日，B 大学向 A 公司发送落款时间为 2013 年 3 月 6 日的解除涉案技术转让合同及补充合同的通知函，告知 A 公司由于未能依约完成试生产和支付合同款项，B 大学据此解除涉案技术转让合同及专利实施许可合同，A 公司收到该通知函后未提出异议以及仲裁或诉讼。

A 公司一审诉称：B 大学擅自解除合同没有依据，涉案合同还应继续履行。请求法院判令 B 大学：（1）继续履行技术转让合同、专利实施许可合同；（2）赔偿 A 公司经济损失 1000 万元。B 大学提起反诉，请求法院依法确认涉案技术转让合同、专利实施许可合同于 2013 年 3 月 6 日解除。

一审法院判决：（1）驳回 A 公司的诉讼请求；（2）驳回 B 大学的诉讼请求。A 公司、B 大学均不服，向二审法院提起上诉。二审法院判决：驳回上诉，维持原判。

5.6.5.3　案例总结 ❶

（1）本案双方当事人采取技术转让的方式以实现科技成果的转移转化之目的，实践中，技术方与投资方的良好合作关系对科技成果转化的顺利实施具有重要影响，技术方往往精通技术但对市场需求不敏感，其可以解决技术的不确定性问题，但科技成果转化的核心是要解决市场竞争的不确定性问题，而投资方则恰恰相反，因此双方应在前期进行充分沟通，保持一致理念，为日后良好合作打下坚实的基础。

（2）在签订技术转让合同时双方应就相关事项尽可能地约定明确、具体、详细，如履行期限、验收标准、合同解除条件及违约责任等，为日后可能产生争议做好准备工作。在合同履行过程中双方发生纠纷的，也应当及时、明确地

---

❶ 郭楚璇.为鼓励创新，法院对技术转让合同解除条件的适用予以严格规范［EB/OL］.［2022-10-15］.https://mp.weixin.qq.com/s?__biz=MzUyMDg5OTY3OA==&mid=2247485405&idx=1&sn=cc9f9d3b789006f4d7176da1014a5b21&chksm=f9e21aecce9593fac8afeadecce0ee497b75d758a48fe9df7f46189f4b2e68ee39ca586753aa&token=1834552403&lang=zh_CN#rd.

通过书面通知告知对方。本案 A 公司主张 B 大学的技术存在缺陷问题，在诉讼中主张技术方案不环保、不经济，但双方未在合同中明确约定技术应达到的经济效益与成本指标，导致其主张未获法院支持。

（3）正如判决中提到的"工业化是科学技术转变为生产力的关键阶段，从实验室科技成果到工厂、从试产到量产、通过反复地调试、不断地改进，是技术工业化的必经之路。在这一过程中，投资方和技术方需精诚合作，才能最终实现科技成果的转化、应用和推广"。因此，双方在发生相关纠纷时，应以积极的态度协商解决，否则双方均可能遭受难以挽回的损失。

附　录　技术经理人工作常见问题解答

1. 技术经理人未来发展如何

高瓴集团的创始人张磊曾言：把有限的时间和信念投入可以长期产生价值的事情。❶ 我们认为技术转移属于长期产生价值的事情。技术转移自古就有，并且现在有，未来也依然会存在，随着社会化分工越来越细，技术转移过程中的机会也会越来越多。没有哪个企业会永远存在，但技术的进步会一直持续，跟随技术进步的步伐，个人投入必要的精力，会有更好的收益。

《中国科技成果转化 2018 年度报告（高等院校与科研院所篇）》和《中国科技成果转化 2019 年度报告（高等院校与科研院所篇）》显示，2017 年在 2766 家研究机构和高等院校中，仅 9.5%（264 家）的单位设立专门的技术转移机构，2018 年 3200 家高校、科研院所中，共有 687 家单位（21.5%）设立技术转移机构，数量明显上升，但科技成果转化专业机构和人才还有很大的缺口。未来一段时间内技术经理人仍然是社会紧缺的专业技术服务人员，需要大量人才。高校和科研院所将陆续建立专职从事技术转移工作的技术转移中心、技术转移办公室，部分院系内会安排专职服务于院系内科技成果转化的工作人员。社会上会有大量专职从事技术转移工作的科技服务机构，为高校和企业提供专业化的技术转移咨询、评估、中试、营销服务。大型企业内会设立专业开展技术转移工作的部门，开展知识产权运营和对外合作。

---

❶　张磊. 价值：我对投资的思考［M］. 杭州：浙江教育出版社，2020.

技术经理人可选择的发展方向也会更加广泛，可以选择在高校、科研院所、技术经理人机构、企业从事技术转移工作；也可以选择在事业单位、协会、学会、联盟中担任技术转移组织工作。部分技术经理人会发展成为技术持有人的项目合伙人，担任企业的首席执行官等角色；部分技术经理人会发展成为天使投资人，投资早期具有发展前景的科技成果，促进成果的成熟。

2. 技术经理人如何参与技术转移

2020年科技部火炬中心认定第二批国家技术转移人才培养基地，两批人才培养基地合计36个，涵盖了除西藏自治区以外的所有省级行政区。各地技术经理人培训随之如火如荼地开展，以西安市为例，目前每年组织各类技术经理人培训十多场次，每年参训人员合计都在八九百人以上，在宣传技术转移、技术经理人角色这方面起到积极作用，但如何让参训人员参与到技术转移工作中来还存在差距。

首先，高校、科研院所中由于编制、岗位职责等问题，市场化运行很难，没有足够的岗位提供给技术经理人；其次，服务机构中大部分还在观望和摸索阶段，真正按照全程参与科技成果转化思路运营的技术转移机构很少；最后，仅通过初级培训很难让学员主动参与技术转移工作，培训内容和岗位需求之间差距较大。

在目前情况下，想真的参与技术转移，只有去做具体项目，要找到一个项目并不是难事，在推动一个具体项目转移过程中，总结经验。一味地担心困难，一味地寻找教得好的培训机构是没用的。我们说能够坚持下来做技术转移的，大部分是因为情怀，但真正想要做好，还需要"专注、专研、专业"，专注于技术转移，推动项目市场化，研究推动过程中遇到的问题，不断总结经验，寻找路径，让自己成为本领域的专业人才，技术持有人和企业都会成为自己推动工作的资源。

3. 技术经理人是一个人吗

技术经理人并不一定是一个人。因为对技术经理人的要求是能够全程参与科技成果转化，这就需要既懂技术，又懂管理，还要懂商务，这样就造成人们认为技术经理人是"全能选手"，其实这种理解是错误的。技术经理人不一定是一个人，往往是一个团队，或者说是一类人。这个团队具备科技成果转化过程所需要的懂技术的人、懂管理的人、懂商务的人，他们合力完成项目的转移转化工作。

过于追求一个人具备多种的能力，往往不利于人才的培养和科技成果转化工作的推动，对技术转移体系的建设思路和研究方向也有影响，未来发展应该更关注团队协作。

对初入技术转移领域的人员来说这一点同样重要，发挥自身特长，与其他专业人才合作，共同完成一个项目会缩短转化时间、降低风险。

4. 对科技成果转化和技术转移的理解

在国外并没有科技成果转化的概念，这个概念是根据国内的现实情况提出的。科技成果转化和技术转移不论在过程把控上，还是在工作推动中均有显著的区别。《促进科技成果转化法》规定，科技成果转化是指为提高生产力水平而对科技成果所进行的后续试验、开发、应用、推广直至形成新技术、新工艺、新材料、新产品，发展新产业等活动。《技术转移服务规范（GB/T 34670—2017）》对技术转移的定义是制造某种产品、应用某种工艺或提供某种服务的系统知识，通过各种途径从技术供给方向技术需求方转移的过程。

从以上两个定义我们可以看出，技术转移的定义延续了1964年第一届联合国贸易发展委员会对技术转移的定义，即技术输入和技术输出的统称。而从科技成果转化的定义我们能看出，首先科技成果转化是一个过程，包括从技术的研发阶段开始到市场化应用截止的中间所有环节；其次科技成果转化更关注结果，中间可能产生多次技术转移过程，但最终的结果是发展新产业，得到市场认可。技术转移更关注技术从甲到乙的一次转移过程，不关注全部，并且不关注结果。对技术经理人来说，我们重点关注的应该是科技成果转化，实现技术的市场化应用，得到产业认可，这种理念决定我们如何进行技术立项研究、如何对技术进行评价分析、转化过程中我们如何取得收益。

5. 技术转移机构如何发展

之所以要在培养技术经理人的书中提及技术转移机构的发展，是因为首先离开了技术转移机构的技术经理人是不具有市场化价值的，同样的，离开了技术经理人的机构也是无根之水，不具有发展的可行性。其次，技术经理人的未来发展其中一条路就是走技术经理人机构负责人的道路，尤其是一些技术经理人团队对外合作的主体就是技术转移公司。那么技术转移机构应该如何发展才能生存下去？

我们不确定技术转移是否会成为一个行业、技术经理人是否能够成为一个职业，但有一点是肯定的，技术转移能够为现有组织提升运营能力，实现组织的指数型发展。技术转移是一种生存手段，是组织的一种提升路径。就目前我们熟悉的技术转移机构而言，能够生存下来的都有一个共同特点，那就是背后有一个强有力的支撑。这个支撑包括多种形式：（1）高校、科研院所，如西安交通大学国家技术转移中心、中国科学院西安光机所孵化器；（2）实体企业，如陕西煤业化工集团有限公司；（3）在政府推动下成立的公司，如西安联创生物医药孵化器有限公司；（4）科技服务机构原有自身业务，如西安远诺技术转移有限公司、陕西赛氪未来技术转移有限公司。纯以技术转移服务为企业主营业务的，很难生存下去。

因此，如果技术经理人或者机构想要发展技术转移业务，首先必须要有生存下来的本领，尤其是在现阶段，技术经理人能力还不足够强，专业水平还不够高，人还不是很好招的情况下，更要慎重进入。

6. 技术转移过程中的跳单问题

技术转移服务过程中被跳单和其他中介服务过程中被跳单是一样的，但在技术转移服务过程中可以很大程度避免跳单。想要避免跳单可以从以下几方面入手：

第一种是以法律为武器保护自己。技术经理人在与技术持有人和技术需求方对接前，就需要准备好技术转移委托服务协议，明确收取多少费用。这一点基本上都能想到，但很难做到，主要原因是技术经理人不确定自身能否帮助项目实现转移转化，往往在口头上说明帮助转移转化，如果成了，再说收益。结果是有的项目真的成了，收益却不好谈了。这种情况应该如何规避，建议做自己擅长领域的项目，不能看着好就接，结果往往是费了精力还得不到收益。与此同时，技术经理人应与技术持有人签订协议，签订的协议可以是独家的，也可以是作为一个参与方，如果没有把握多采用后一种方式，保证双方都有余地。

第二种是提供专业的服务。之所以被跳单很大一部分原因是被服务方觉得技术经理人的工作没有起作用，或者仅仅介绍了一些信息，这就很容易被跳过去，结果真的被跳单。遇到这种情况，技术经理人首先要明确自己不仅仅是中介，提供信息的，还可以提供专业服务，包括科技金融、谈判辅助、知识产权等方面的服务，让对方看到自己的价值，后续还有很多服务需要技术经理人持续跟进。如果仅按照中介的思维做技术转移是没有前途的。

第三种是与技术持有方或者技术需求方形成良好的信任关系。技术经理人首先要保证技术持有方或者技术需求方其中一方对自己是完全信任的，并努力建立长期的合作关系，为这样的客户服务会大大减少被跳单的概率。

最后要说明一点，作为一名技术转移的初学者，可以先选择1~2个项目不收费用，以为今后的工作积累经验。通常情况下，真正经历过两个项目后，对技术转移就会有较深层次的认识。

7. 一个技术转移服务团队的基本构成

如前文所述，技术经理人不可能一个人开展技术转移服务工作，往往需要一个团队，那么一个技术转移服务团队由哪些人员组成呢？

一个基本的技术转移服务团队一般3~5个人足够。在这个团队中以下几个角色是必不可少的：项目经理、技术商业化分析负责人、知识产权运营负责人、科技金融负责人和商务负责人。

项目经理的职责。项目经理的主要职责是聚团队、做计划、跟项目、分利益，尤其是重大关键节点的决策。项目经理的职责在目前项目经理管理类书籍和行业中有成型的规范可以直接参照执行。技术经理人和项目经理有很大的不同，技术经理人除了要具备项目经理的能力外，还要具有产品经理和技术商务经理的认知思维。

技术商业化分析负责人的职责。目前这个角色有很多名称，有的公司叫技术评估经理，有的公司叫行业分析师。不同公司对这个角色有不同要求，例如，在技术转移这块业务中，技术商业化分析人员只要负责评判一个技术、一个需求是否有价值。这个价值是指技术经理人是否有跟进的价值，不是说技术确实能解决某些技术问题，技术经理人就有跟进的价值，例如，技术只能解决单独某个企业的问题，不具有延展性，那这类技术要跟进就要慎重。此外，技术商业化分析人员还要判断技术未来的发展趋势，例如，是否能独立成立公司，还是需要跟产业公司合作。

知识产权运营负责人的职责。知识产权运营负责人已经成为一个很成熟的职业。团队中的知识产权负责人一般需具备以下几个方面的能力：掌握知识产权申请流程和要求，具备撰写知识产权申请文件的能力，具备知识产权布局的能力，具备知识产权运营的能力。

科技金融负责人的职责。科技金融负责人主要负责科技成果项目在资金安排方面的规划设计、抚育和融资。目前，针对早期科技成果项目的资金主要包括政府项目资金、产业落地资金、人才引进资金、个人投资、产业资本、风投资金等。如何规划使用不同资金，以便于后期融资安排，这都是科技金融板块负责人需要考虑的问题。

商务负责人的职责。商务负责人的工作主要集中在项目的推广和商务法律谈判两个板块。一般情况下，项目经理需要兼顾商务负责人的角色，这样对项目整体进度的把握、关键节点的把握是有好处的，但也要根据项目团队人员的不同能力而定。尤其是早期团队可以遵循以下几方面原则：

一是一人可以分饰几个角色。这个很好理解，就是一个人既充当管理者的角色，还兼顾负责技术分析或者知识产权运营等其他角色的工作，具体需要几个人根据团队人员的能力而定。

二是人员可以因项目而组合。这个思路的意思就是人员并不一定是固定在一起上班，在一个公司上班，尤其是在团队磨合阶段，大家很可能来自不同单位、不同部门，但因为共同的项目，聚合在一起。尤其是项目人员成规模后，我们更鼓励这种形式的聚合，施行项目经理负责制，其他人员配合执行。

三是确定好按贡献的利益分配机制。团队基本形成之后项目经理要考虑项目的预计投入和利益分配问题，尤其是利益分配的方式和多少。项目团队聚合在一起并不仅为了做成一个项目以后大家散伙，很大程度上希望以后有更多的项目可以一起做，项目经理除了处理好团队关系外，还要在早期根据工作所需人员安排，设定好利益分配机制，按劳分配。

参考文献

［1］卜昕，邓婷，张兰兰，等.美国大学技术转移简介［M］.西安：西安电子科技大学出版社，2014：前言，100.

［2］王文，卜昕，刘涛，等.助力科技成果转化：技术经理人队伍建设及未来发展浅析［J］.中国科技纵横，2020（11）：18-20.

［3］张晓凌，侯方达.技术转移业务运营实务［M］.北京：知识产权出版社，2012：1-2.

［4］黄群才.基于 Innography 的区块链技术全球专利分析［J］.智库时代，2019（16）：279-281.

［5］陈静.基于专利信息分析的 LED 厂商竞合关系研究［D］.武汉：华中科技大学，2011：24-25.

［6］方炜，郑立明，王莉丽.改革开放 40 年：中国技术转移体系建设之路［J］.中国科技论坛，2019（4）：17-27.

［7］王吉武，黄鲁成，卢文光.新兴技术商业化潜力评价研究综述［J］.科技管理研究，2008（7）：70-73.

［8］布莱恩·阿瑟.技术的本质［M］.曹东溟，王健，译.杭州：浙江人民出版社，2014：前言 XII，63-71.

［9］克莱顿·克里斯坦森.创新者的窘境［M］.胡建桥，译.2 版.北京：中信出版社，2014：前言 XIV - XV，42-61.

［10］约瑟夫·熊彼特.经济发展理论［M］.郭武军，吕阳，译.北京：

华夏出版社，2015：49-80.

［11］王吉武.新兴技术商业化潜力评价及投资决策研究［D］.哈尔滨：哈尔滨工程大学，2008：32.

［12］王煜.好的科技企业往往实行"双长制"［J］.中国商人，2019（5）：58-61.

［13］陈海涛.德国第二次技术预见：创新的萌芽［EB/OL］.［2022-01-30］.https：//www.sohu.com/a/160965756_468720.

［14］孙静芬，袁建华，赵滟，等.颠覆性航天技术的内涵、分类和显示方法浅析［J］.国际太空，2016（7）：34-40.

［15］朱晓明，顾学文."精准创新"，依赖的不是运气［N］.解放日报，2015-04-17（14）.

［16］李达，王崑声，马宽.技术成熟度评价方法综述［J］.科学决策，2012（11）：85-94.

［17］王煜全.学会洞察行业：写好分析报告的6堂实战课［M］.北京：北京联合出版公司，2018：180-201.

［18］迈克尔·波特.竞争优势［M］.陈小悦，译.北京：华夏出版社，2005：10-50.

［19］严清清.基于产业发展视角的我国私募股权基金问题研究［D］.上海：复旦大学，2008：11-15.

［20］杨明，付春华.论中医药科技成果的二次开发［J］.中国中医药信息杂志，1998（2）：16-17.

［21］汪敏华.要重视专利的二度开发［N］.解放日报，2002-08-10.

［22］求尔 Qerte."维塑科技"杨少毅：2—3年，我们要做到体测行业全球前三［EB/OL］.［2022-01-30］.https：//baijiahao.baidu.com/s?id=1652061824150500903&wfr=spider&for=pc.

［23］关颖.打破国外垄断 科技还原真实"视界"：访西安诺瓦电子袁胜春［EB/OL］.［2022-02-10］.https：//baijiahao.baidu.com/s?id=16172579084368230

67&wfr=spider&for=pc.

［24］拓尔微电子.砥砺前行，筑梦未来：拓尔微电子成立13周年［EB/OL］.［2022-02-10］.https：//www.toll-semi.com/news/102.html.

［25］陶遵丽，陶遵菊.科研院所科技成果转化的启示［J］.科技管理研究，2003（4）：79-80.

［26］李雄军.提升陕西高校专利质量促进转化运用的政策研究：以技术经理人为视角［R］.陕西省知识产权决策咨询研究项目结题报告（YJ—202109），2021-12.

［27］宋河发，曲婉，王婷.国外主要科研机构和高校知识产权管理及其对我国的启示［J］.中国科学院院刊，2013，28（4）：450-460.

［28］佚名.美妆行业诞生"新物种"：巨子生物解锁"降维打击"的制胜密码［EB/OL］.［2022-03-20］.https：//new.qq.com/omn/20211227/20211227A0CKS400.html.

［29］彭学兵.技术商品的营销策略探析［J］.江苏商论，2005（12）：66-67.

［30］侯军伟.路演招商［J］.中国中小企业，2006（5）：23-24.

［31］菲利普·科特勒.营销管理：分析、计划、执行和控制［M］.梅汝和，等译.上海：上海人民出版社，1999：654-657.

［32］佚名.靳海涛：中国创投20年浮沉［EB/OL］.［2022-03-20］.https：//baijiahao.baidu.com/s?id=1681506925952594165&wfr=spider&for=pc.